Le Sud n'est pas content

M. Varenne, malgré son séjour prolongé à Saigon, n'aura pas réussi, je le crains fort, à gagner les cœurs des indigènes, tout au moins de leurs dirigeants, de ceux qui se font entendre. Et ne croyez pas que cette dernière périphrase désigne les extrémistes, ni même les constitutionnalistes de l'école de MM. Long et Bui-quang-Chieu ! Non ! Les récriminations à notre sens les plus sévères sont formulées par des hommes tout à fait raisonnables, par ceux-là mêmes qui fondèrent un organe gouvernemental pour faire échec aux emballés et prêcher une collaboration loyale entre Français et Annamites ; c'est, en effet, dans le *Progrès Annamite*, du Docteur Le-quang-Trinh, que, sous couleur de critiquer l'organisation actuelle du Conseil Colonial, on rapproche, non sans amertume, les déclarations, autant dire les promesses de M. Varenne arrivant dans la colonie, de son récent et décevant discours de Cantho.

La Direction du journal, qui prend à son compte ces observations, commence par rappeler la réforme opérée par Décret du 9 juin 1922, sous les auspices de M. Sarraut, réforme libérale et dont on pouvait beaucoup attendre : elle attribuait, en effet, dix sièges au lieu de six aux Annamites, dont le collège électoral était sérieusement élargi : de 1800 à 21.000 électeurs. Et à ceux qui prétendent que la masse se moque du bulletin de vote, on objecte qu'à la première consultation les abstentions furent excessivement rares.

Si seulement les attributions du Conseil Colonial avaient été améliorées, en même temps que son mode de recrutement ! Mais avant comme après, l'Assemblée cochinchinoise n'est qu'un organe à émettre des vœux, quitte à l'Administration toute puissante de n'en faire aucun cas.

Cette tare de l'institution, non seulement M. Varenne l'a reconnue, mais il semblait même vouloir la faire disparaître. N'avait-il pas dit textuellement, dans son discours d'ouverture du Conseil de Gouvernement, à Hanoi : « J'envisage en particulier un élargissement progressif des collèges électoraux par l'adjonction de catégories ou de capacités nouvelles. Je suis, par mon passé et par les traditions auxquelles je me rattache, trop imbu des principes — principes qui ont prévalu au moment où a été institué en France le suffrage universel — pour ne pas m'efforcer d'apporter ici, avec les tempéraments et les modalités exigés par les contingences locales,

les réformes capables de rendre chaque jour plus facile, plus sincère et plus complète l'expression de la volonté et des aspirations populaires »....

« Je considère d'autre part que les attributions des assemblées issues du suffrage des populations indigènes doivent être étendues au fur et à mesure que les membres de ces assemblées acquièrent une expérience politique plus avertie, une conscience plus claire de l'intérêt général..... En outre, il me parait indispensable de laisser toute latitude aux assemblées, non seulement pour émettre des vœux, mais encore pour discuter de toutes les questions intéressant directement ou indirectement le développement social ou économique du pays. »

Et après cette citation, ma foi fort bien placée, des déclarations solennelles du Gouverneur Général, le *Progrès Annamite* termine sur une note ironique :

« Nous nous excusons de citer si longuement les paroles prononcées par M. Varenne à son arrivée en ce pays, mais, au lendemain de son discours de Cantho où il déclara qu'il n'y avait rien à changer à la formule actuelle du Conseil Colonial, cette réminiscence n'est nullement superflue.

« A comparer les deux discours, nous sommes bien obligés de conclure ; 1· que — selon M. Varenne — le moment n'est pas encore arrivé de rendre plus complète et plus sincère l'expression des aspirations populaires.

« 2· que — toujours d'après notre actuel Gouverneur général — nos élus sont loin d'acquérir une conscience plus claire de l'intérêt général.

« 3· que le temps des vœux platoniques n'est pas encore révolu.

« 4· « que les contingences locales ne permettent pas de modifier une institution qui, malgré ses imperfections, paraît encore trop puissante à nos gouvernants !... »

De toute évidence, le discours de Cantho, s'il fut, dans certains milieux, applaudi comme un indice d'assagissement, heurtait trop violemment de précédentes promesses pour ne pas être mal accueilli des Annamites, surtout des Cochinchinois, plus ardents que leurs compatriotes du Nord à la lutte pour la conquête des franchises politiques. Les plus pondérés d'entre eux, et aussi les plus déférents envers les autortés françaises, ne peuvent cacher leur dépit.

Morale : les Gouvernants doivent être très avares de promesses, surtout en débarquant dans un Pays qu'ils ignorent.

A. R.

Editorial du 16 Septembre 1926

Politique libérale

La lutte est presque aussi chaude actuellement qu'en période électorale entre personnages désireux de se mettre en vedette. Jamais époque ne fut plus propice à l'éclosion des personnalités. Quiconque vivait ignoré au fond de quelque brousse peut être célèbre demain, s'il fait le geste large, s'il a l'idée géniale qui permettront l'un et l'autre de venir en aide à la population, réduite à la famine par les inondations.

Les plus ingénieux trouvent des combinaisons qui leur permettent d'être généreux sans nuire à la prospérité de leur fortune. Ne faut-il pas des quantités énormes de riz pour nourrir toutes ces bouches affamées ? Combien de kilomètres d'étoffe devra-t-on acheter pour vêtir tous ces miséreux ? Et les trusteurs, tapis dans l'ombre patientent, attendent l'appel d'offres pour faire un coup de bourse. Afin de s'attirer les bonnes grâces des comités qui leur passeront commande, ils s'inscrivent comme donateurs pour un millier de piastres : comme ils en gagneront plusieurs fois autant sur leurs ventes, ils ne risquent rien. Il est bien rare de rencontrer des gens entièrement désintéressés. Nous ne savons que trop quel parti l'administration sait tirer de ce ménagement des intérêts particuliers.

Un fait retient mon attention depuis que le départ de M. Varenne est annoncé. Vous avez vu naître comme moi ces fameuses chambres des représentants du peuple annamite, qui devaient faire tant de choses remarquables, et qui n'ont réussi qu'à devenir la risée d'une partie de leurs électeurs. Elles n'ont pas eu le temps matériel de travailler sérieusement, je l'admets ; mais elles n'en ont pas moins avec un ensemble touchant, trouvé le temps de rédiger à l'adresse de notre Gouverneur Général des télégrammes dithyrambiques, lui exprimant leur confiance en sa politique libérale, émettant le vœu de le voir revenir prochainement, et le priant de transmettre au Président de la République française et à sa petite Majesté Bao-Dai, ainsi qu'au Ministre des colonies, l'hommage de leur profond respect — Oui, du leur et non pas celui du peuple qu'ils représentent ! — Plusieurs notabilités annamites et M. Pham-Quynh en particulier,— qui manie assez élégamment la langue française pour être juge en la matière —, ne nous ont-ils pas dit que malheureusement ces Chambres comprenaient un grand nombre d'illettrés, et une énorme majorité de représentants n'ayant du français que la plus vague idée ? Comment dès lors expliquer qu'ils comprennent les longs discours dans lesquels notre Gouverneur expose ses idées politiques et économiques ? Comment admettre qu'ils rédigent eux-mêmes des télégrammes si élogieux à l'égard d'un Français ayant pris des mesures dont une seule est susceptible de les intéresser : la suppression de la contrainte pour dettes ?

Comme chaque Chambre fut inaugurée par un Résident Supérieur. ne devons-nous pas plutôt reconnaitre dans cette prose celle d'un de ces grands chefs, heureux de faire un brin de cour à M. Varenne, avant son départ ? En admettant même que le texte n'émane pas directement du Résident Supérieur, puisque nous sommes à l'époque des congratulations télégraphiques, je propose d'envoyer à M. Pasquier, par exemple, un câble ainsi conçu : « Population européenne profondément touchée votre dévouement cause son Gouverneur Général, vous prie accepter toutes ses félicitations pour art avec lequel avez su convaincre représentants peuple annamite libéralité politique actuelle, et souhaite reveniez avec M. Varenne pour l'aider parfaire œuvre si brillamment commencée. »

Par contre, nous ne lui accuserions pas réception de son télégramme signalant la fête de charité donnée à Hué au profit des inondés du Tonkin, la recette est trop maigre, et nous risquerions de mortifier M. Pasquier en le félicitant : Songez que malgré la présence de deux Résidents supérieurs, de plusieurs grands personnages, des Ministres de la Cour, des notabilités et de plus d'un millier de spectateurs, cette fête n'a produit que huit cents piastres, soit pas même une piastre par spectateur, en admettant que tous les hauts dignitaires n'aient rien donné. C'est maigre, c'est mesquin. Et les représentants du peuple, qui doivent donner jusqu'à la dernière goutte de leur sang, qu'attendent-ils alors pour donner l'exemple ? Nous ne les féliciterons pas pour leur liberalité.

J. B. G.

Ecran du 16-9-26

Le retour

Le titre n'est pas nouveau, mais soyez sans crainte, je n'ai nullement l'intention de remettre en vedette l'histoire du poilu revenant dans son foyer après quatre ans d'absence. Ce thème est trop usé ; il peut juste encore donner naissance à un mélodrame. Ce n'est pas mon genre.

Non, je veux simplement vous causer de votre retour au pays, car, vous tous qui me lisez : fonctionnaires ou civils, ces derniers surtout, il y a déjà quelques temps que vous n'avez pas vu la Canebière, les Quinquonces, la Tour Eiffel, les menhirs. Pauvres Charentais, vous mangeriez bien des huîtres avec un petit verre de blanc ? Vosgiens et Lyonnais vous rêvez de neige et de parties de luges. Qu'attendez-vous donc pour aller respirer un peu l'air du pays ?

N'abusez pas des longs séjours à la colonie. Ils sont dangeureux. Suivez l'exemple de votre Gouverneur : chaque année rentrez rafraîchir vos poumons et rajeunir votre estomac.

— « Les voyages coûtent très cher », dites-vous ; et comme nous sommes en pleine période d'économies vous prétendez que si M. Varenne rentre en France ce n'est pas pour aller admirer son pays natalet manger du vrai cantal, mais uniquement parce qu'un devoir patriotique l'appelle.

Au fait, vous avez peut-être raison ! Je viens d'apprendre en effet qu'un des astres de la presse locale s'embarquerait en même temps que notre Gouverneur. En France M. Varenne ne passait pas précisément pour clérical. Depuis son arrivée au Tonkin il a évolué, et, le fameux air de l'union sacrée, semble l'avoir emballé à tel point qu'il ne peut concevoir son voyage à la Métropole sans être accompagné d'un fidèle apôtre du Christ. Sait-on jamais ce qui peut arriver ? Dans le cas où il faudrait recourir aux élections, l'ambassadeur arverne, serait d'un grand secours. Le candidat pourrait ainsi satisfaire les électeurs de tous dogmes ; aux uns il répondrait lui-même ; aux autres il dirait : « voyez mon secrétaire ». Tout a d'ailleurs été prévu, jusqu'à la nécessité de célébrer des offices en plein air dans des pays trop pauvres pour s'offrir le luxe d'une église. Il faudra des enfants de chœur pour servir la messe.

Le grand pontife choisit dans le personnel du Gouvernement deux jeunes gens délurés, baragouinant un sabir intermédiaire entre l'annamite et l'auvergnat, et dressés autrefois par un missionnaire, donc sachant fléchir rapidement les genoux, incliner gravement la tête, mendier et mentir ; et il résolut de les emmener pour l'assister. Seulement, comme nous tous, ce brave homme trouve que les Messageries maritimes exploitent un peu trop leurs clients. Il demanda donc à notre Gouverneur Général de lui procurer des passages pour ces deux serviteurs.

Il parait que le Ministère n'aurait pas trouvé cette demande de réquisitions fort opportune au moment où les passages des domestiques de fonctionnaires sont réduits ou supprimés. Le représentant de la France doit, à ses dépens, donner l'exemple du sacrifice à la cause commune et engager les autres à faire des économies. « Ça, c'est la barbe » se serait écrié quelqu'un de l'entourage.

— « Ne vous en faites pas » répartit l'illustre caméléon « nous les aurons ! Je n'en suis pas à un changement de couleur près ! Mes aides peuvent très bien passer pour d'habiles secrétaires, très au courant de la politique indigène du Gouverneur, et dont ce dernier ne peut en conséquence se passer pour aller expliquer aux Français ses doctrines et ses réformes. Inscrivez-les donc comme faisant partie du personnel subalterne, et le tour sera joué. »

Tartuffe n'aurait évidemment pas trouvé mieux.

Nous serions navrés d'apprendre qu'un Gouverneur Général socialiste tolère de tels agissements, même de la part d'un champion du parti clérical. Ne peut-il prendre à son compte les passages des deux acolytes de son ami ? Il est possible que sa liste personnelle soit déjà trop chargée. Alors, pourquoi ne pas les expédier dans une malle comme objets du culte ?

J. B. G.

Ecran du 17 Septembre 1926

Instabilité

La semaine qui s'ouvre devrait attirer l'attention et susciter la curiosité du public indochinois, si ce public n'était pas habitué a être tenu à l'écart des affaires de l'Etat : à Saïgon, en effet s'ouvre la session annuelle du Conseil de gouvernement ; nous avons vu partir successivement tous les hauts fonctionnaires, tous les élus qui doivent y siéger ; sans ces déplacements, qui ne pouvaient guère passer inaperçus, qui donc se serait soucié de la capitale du sud et de ses actuelles préoccupations ?

Et cependant, toujours important, puisqu'il règle, pour un an, la vie de la Colonie, le travail du Conseil de Gouvernement emprunte aujourd'hui aux circonstances un intérêt particulier. Notons d'abord que M. Varenne, à la veille de son départ pour France, n'a pas encore fait connaître, — s'il le connait lui même, — le nom de son remplaçant ; la désignation, nous a-t-on dit, se fera solennellement, en séance de la plus haute Assemblée locale. Au demeurant, peu importe le cérémonial.

Mais il est des questions autrement vitales qui seront débattues et peut-être avec quelque animation. A quoi bon cacher que Français et Annamites attendent d'abord, avec une égale impatience, sinon dans des dispositions identiques, la profession de foi, le Message, le discours du trône (on peut lui donner tous ces titres) du chef de la Colonie ? L'an dernier, M. Varenne, en pareille circonstance, avait appuyé trop à gauche, s'était affirmé trop *socialisant*, au gré des autorités métropolitaines qui lui en avaient fait l'observation; par contre, ses propos avaient suscité de vastes espoirs dans le monde annamite. Depuis lors, il a manifestement *freiné*, et freiné de plus en plus fort, jusqu'à son récent discours de Cantho, qui lui a valu d'âpres critiques non seulement des constitutionnalistes de Cochinchine, mais même des indigènes habitués à marcher dans le sillage officiel.

Comment va-t-il raccorder ces extrêmes ? En bon artilleur, après le coup long, puis le court encadrant le but, aura-t-il trouvé la hausse (je veux dire la note) juste ? Espérons-le, en attendant d'être plus amplement informés.

Indépendamment de cette première question d'ordre politique, il en est une autre que M. Varenne a formellement promis de trancher avant de prendre la route de France;

c'est celle de la représentation des contribuables au sein de Conseils élus appelés à connaître de l'Administration du Pays, notamment de ses finances et de sa fiscalité. La réforme est de première urgence; des décisions récentes, auxquelles répondit l'opposition ferme du Conseil Colonial de Cochinchine, ont montré toute l'instabilité, tout le désarroi résultant de l'omnipotence d'un seul et du vrai régime de monarchie absolue instauré en ce Pays.

L'an dernier, en effet, avait été opéré, d'accord entre le Gouvernement Général et les Gouvernements locaux, un remaniement budgétaire dont on attendait d'heureux effets et qui, en tout état de cause, devait rester en vigueur pendant cinq années. Plus de subventions aux budgets locaux, mais des ristournes sur les principaux chapitres des taxes indirectes ; et par voie de conséquence, attribution à chacun des Pays de l'Union de toutes les charges à caractère local. Le nouveau régime, intéressant tout le monde à la rentrée des impôts, devait en assurer un rendement meilleur.

En tout cas, on avait vécu sur ces bases nouvelles, pris toutes dispositions, préparé les Budgets sur leurs données, quand, brusquement, sans crier gare, le Gouvernement Général se ravise. Son attitude est claire et catégorique, pour ne pas dire brutale : la parole donnée pour cinq ans en 1925, est-il signifié aux Pays de l'Union, ne vaut plus déjà pour 1926 ; vous n'aurez ni les subventions du Budget général, ni les remises sur impôts indirects ; vous conserverez, au surplus, les petites charges supplémentaires reçues avec les ristournes qui s'évanouissent. Vous équilibrerez vos budgets au moyen d'impôts directs, dont un assez bon lot a été envisagé à votre intention. Vous choisirez !

On ne saurait être plus élégamment précis. Le Tonkin, l'Annam, le Cambodge et le Laos, défendus par leurs seuls Résidents supérieurs, durent se soumettre, non sans protestations des corps élus, à simple voix consultative. Mais en Cochinchine, ou le Conseil Colonial décide, il a rejeté en bloc les nouvelles taxes.

Et l'affaire en est là ! Il faudra bien que, d'une façon ou d'une autre, le Conseil de Gouvernement la liquide. Mais que penser d'une telle instabilité dans la direction, dans l'existence d'un grand Pays ! Je parlais, ces jours derniers, de la regrettable instabilité des Gouverneurs. Aussi regrettable est l'instabilité des doctrines, en haut lieu !

A. R.

Editorial du 21 Septembre 1926

Le boom indochinois

Nos aimables ingénieurs des travaux publics ne se sont pas moqués de nous quand ils déclarèrent que 1926, était une année exceptionnelle. Sans nous préoccuper des évènements extérieurs, nous pouvons constater que dans les annales de l'Indochine, cette année fera figure honorable : crues exceptionnelles ayant provoqué des inondations non moins exceptionnelles, exceptionnelle fragilité des ponts, mission tout à fait exceptionnelle d'un secrétaire général en France, durée exceptionnelle de la saison des pluies, averse exceptionnelle de réformes à la fin du règne de notre Gouverneur général. Voici bien de quoi troubler les statisticiens et les historiens de notre pays. Mais au fait, cette expression : « notre pays » n'est-elle pas impropre ? Malgré toutes les protestations de ceux qui contribuèrent à la prospérité de l'Indochine, nous reconnaissons chaque jour davantage que nous ne sommes pas ici chez nous, et le temps n'est peut-être par très éloigné où notre souvenir seul planera sur les immenses rizières et les énormes plantations que d'autres auront acquises. Depuis sa naissance, notre journal réclame que les intéressés soient consultés avant que des décrets édictés peut-être dans un but louable, mais la plupart du temps mal étudiés ne viennent davantage les léser. Or, plus que jamais ces décrets sont rédigés en secret, sans aucune consultation préalable, et promulgués avant qu'il ne nous ait été possible de faire entendre la plus légère observation. Le Conseil de Gouvernement lui-même est mis en présence de faits accomplis.

Qu'est-ce alors que cette coûteuse comédie ? Pourquoi diable avons-nous des délégués ? Notre rôle se borne à subir passivement le bon vouloir d'un Gouverneur sur le choix duquel nous n'avons pas davantage été consultés. Je vous le disais un jour : nous posons aux hommes libres et nous ne sommes que de vulgaires serfs. Que pourra la Ligue des droits de l'homme chargée de la défense des droits des citoyens qui s'estiment lésés, en une telle occurence ?

Le Conseil du Gouvernement devant se réunir pour la première séance de cette session le 20 courant à 16 heures, M. Varenne à signé le 19 un arrêté instituant un nouveau régime des concessions rurales en Indochine.

Il parait que ce régime fut établi en parfait accord avec tous les groupements intéressés. Je serais curieux de savoir quels étaient ces groupements. En ma qualité de citoyen français habitant l'Indochine, j'estime être fortement intéressé par cette question et je n'ai pas souvenance d'avoir jamais été appelé à élire un représentant, chargé de la défense de mes intérêts et de ceux de mes compatriotes au sein d'une commission présidée par M. Varenne. Je crois même que nous avions revendiqué le droit pour tous les fonctionnaires indochinois d'acquérir une concession et de s'en occuper ; or, bien que n'ayant pas le décret sous les yeux, je crois que ce point particulier fut laissé dans l'ombre. Très aimable la pensée de ceux qui réclamèrent pour les pauvres des concessions gratuites jusqu'à trois cents hectares, et payables en dix ans jusqu'à mille hectares, mais beaucoup moins digne de félicitations leur souci de favoriser la grande colonisation par l'octroi de concessions de 6000 à 15000 hectares d'un seul tenant.

De grosses sociétés seules pourront avoir l'ambition d'exploiter de telles étendues, et pour attirer les actionnaires, elles ne choisiront pas les moins bons terrains. Que restera-t-il alors pour les modestes ? Des lopins perdus, arides où ils mangeront leurs économies et ruineront leur santé !

Est-ce ainsi que nos politiciens modernes entendent le socialisme ? D'autre part l'Indochine est-elle française, oui ou non ? Pourquoi dès lors vouloir attirer ici les capitaux étrangers ? De nos jours la finance est toute puissante, et ceux qui feront fructifier leurs capitaux en Indochine sauront bien nous le prouver. Est-ce une vente déguisée pour redorer le blason, est-ce une tentative de « boom » comme celui des Américains en Floride ? En ce cas, prenons garde, un cyclone pourrait nous balayer en même temps que les capitaux étrangers ! Cela serait certainement une réforme inattendue !

J. B. G.

Ecran du 23 Octobre 1926

Encore le crédit agricole

La création in extremis d'un organisme qui n'est pas prêt à fonctionner, encore moins à donner quelques résultats heureux, attire décidément l'attention du public, moins enclin, en Indochine qu'en France, à se laisser berner.

Nous en avions déjà parlé dans un précédent éditorial. Nous publierons cependant in-extenso, pour l'état d'esprit qu'elles révèlent, les réflexions que nous adresse, à ce sujet, un de nos correspondants. Voici ce qu'il écrit :

« Un communiqué officiel nous a appris tout récemment que Monsieur Varenne avait enfin réglé la question du crédit agricole et doté les populations annamites de cet organisme dont elles ont tant besoin et qui est attendu depuis si longtemps.

Certes, il s'agit là d'une création d'importance exceptionnelle et qui a déjà fait l'objet de nombreuses études, un peu décousues d'ailleurs et sans plan bien précis. Comme nous n'avons pas entendu dire qu'une commission (c'est le processus ordinaire) eût été nommée et un rapporteur désigné, nous ne pouvions imaginer que l'affaire fut si près d'aboutir, et nous nous préparions à nous féliciter et à féliciter M. Varenne que le Saint Esprit agricole l'eût, en temps opportun, visité et inspiré, pour le plus grand bien de nos protégés.

Nous avons tenu cependant, avant d'entonner l'hymne dithyrambique en l'honneur du Grand Chef, à connaître les dispositions des actes réglementaires dont on nous prônait la vertu efficiente et définitive. Hélas ! Trois fois hélas ! Dussions-nous continuer à être traités d'éternels opposants, nous devons avouer que notre désappointement fut profond.

C'est qu'en effet — nos lecteurs en jugeront — la charte organique du Crédit agricole peut se résumer ainsi :

Article 1er - Il est institué un Crédit agricole.

Article 2 - Mon successeur se débrouillera.

La plaisanterie, dira-t-on, est un peu forte et de mauvais goût : si aucune œuvre humaine n'atteint du premier coup la perfection, du moins faut-il reconnaître et approuver l'effort. Comme dit l'autre, il n'est pas nécessaire de réussir pour entreprendre, et le principal est d'entreprendre.

C'est bien l'esprit dans lequel nous avons l'intention d'étudier la nouvelle règlementation, car nous n'ignorons pas que si la critique est aisée, l'art est difficile. Et cependant, que nos lecteurs veuilllent bien savourer cet article du nouveau règlement (à la vérité ; ce n'est pas l'article 2, mais l'article 5), que nous livrons à leurs méditations :

« Des arrêtés et instructions ultérieures fixeront, au point de vue administratif et financier, les détails d'exécution du présent arrêté. »

Et quels sont ces détails ? Le même article nous le dit : « notamment, le statut des banques, les conditions et les taux des prêts, les règles de la comptabilité et des opérations de crédit et de l'administration des fonds énumérés à l'article premier. »

Et voilà ! Ce n'est pas plus difficile que cela. L'organisation d'un crédit agricole est, tout le monde en conviendra, affaire administrative et financière. Ces simples *détails* — organisation des banques, statuts des banques, administration des fonds, réglementation des prêts — constituent en fait tout le crédit argricole, et nous savons que dans les articles ou les études qui ont paru sur la question, ce sont bien ces *détails* que les différents auteurs se sont ingéniés à régler et à définir. Si donc il y a plaisanterie, on avouera que ce n'est pas nous qui en sommes coupables, mais bien l'auteur de ce semble-projet.

Nous comprenons bien que M. Varenne ne tienne pas à se présenter devant le ministre les mains vides ou presque - car le bagage de ses actes est bien mince. — Assez d'autres sujets, d'importance plus ou moins grande, pouvaient se contenter de solutions hâtives, qu'une étude plus consciencieuse eût ensuite redressées ; mais justement le crédit agricole est l'un de ceux qui demandent une expérience approfondie, non seulement des principes généraux, mais aussi des modalités locales d'application. On n'improvise pas en pareille matière, et la décision qui vient d'être prise ne signifie rien et ne conduit à rien. Elle donne cependant une indication : c'est que si jamais l'on arrive à mettre l'affaire sur pied, ce sera dans le sens d'un organe purement administratif. L'Etat banquier ! Quand on a subi les déboires qu'a entraînés la gestion de la Flotte indochinoise (l'Etat armateur !), malgré, et peut-être à cause de la rare compétence de l'amiral Lochard, on reste sceptique sur les résultats à espérer du nouveau projet. Les Annamites peuvent continuer à fréquenter les Chettys et autres usuriers : encore une déception à ajouter à tant d'autres !

Il y a bien un second arrêté, plus précis celui-là, et de conséquences plus nettes. C'est celui qui-naturellement-crée un « Service du Crédit Agricole » assuré par quelques nouveaux fonctionnaires : il n'y en a pas encore assez en Indochine ! On dit bien, soyons justes, que les dits fonctionnaires seront pris, sauf quelques spécialistes, dans les différents services de la Colonie : mais comme il faudra les y remplacer, le résultat sera d'allonger de quelques milliers de piastres la liste des dépenses du budget général. Mais ce service nouveau qui, répétons-le, n'a rien de technique, mais est d'ordre essentiellement financier, sera placé sous la coupe de l'Inspecteur général de l'Agriculture qui, jaloux sans doute de notre sympatique Directeur des Services tous plus économiques les uns que les autres, et jaloux aussi de la non moins sympathique grenouille de la fable, veut ajouter un fleuron de plus à sa couronne : « casque, princesse, tu es là pour cela ! »

Reste à savoir si le Ministre d'une part, et l'opinion publique d'autre part, apprécieront ce bluff vraiment exagéré.

Bast ! Le Gouverneur Général rentre en France, où il compte, paraît-il, beaucoup d'amis : quelques députés de gauche et tout le Bloc National. A ces amis, il a déjà donné suffisamment de gages pour qu'ils fassent fond sur ses promesses et lui maintiennent, avec sa vice royauté, les moyens de leur être encore agréable.

Qu'importe, à côté de ces hautes combinaisons de couloirs, le sort de notre Indochine ?

A. R.

Editorial du 24 septembre 1926

———

Un concurrent

Pourquoi la lune s'est-elle voilée ce soir ? Est-ce pour permettre aux amoureux les causeries dans les coins sombres ?

Est-ce parce qu'il pleuvra demain ? N'est-ce pas plutôt pour ne pas voir ma honte ? A quoi bon vous le cacher puisque, plus curieux que moi, vous avez parcouru tous les journaux et que vous connaissez depuis mardi soir ma déchéance. Il fallut qu'un ami charitable m'apportât la pièce à conviction pour que je connusse mon déshonneur.

Eh bien, oui, je l'avoue, j'ai trouvé mon maître ; et si cet amateur distingué persévère dans le genre, il ne me restera plus qu'à lui céder la place Je ne puis pas l'accuser de concurrence déloyale puisqu'il n'est pas professionnel ; et je suis forcé de reconnaître son rare talent d'ironiste. En sept lignes, il vous fait un « écran » délicieux. M. Varenne a dû choisir ce rédacteur parmi ses collaborateurs journalistes de France. Permettez-moi de vous citer ses propres termes afin de vous faire goûter tout le charme sarcastique de sa concision :

« M. Monguillot partirait en octobre, afin de suivre avec le Gouverneur Général les négociations entre le Ministère des Colonies et les établissements financiers pour la question du privilège de la Banque de l'Indochine et la création d'un institut d'émission ».

Non mais, voyez-vous le Secrétaire général auquel on n'a pas osé confier l'intérim, appelé à éclairer de ses sages avis notre Gouverneur Général faisant de la politique financière en France ? C'est désopilant ! Depuis dix mois deux hommes qui ne peuvent pas se supporter collaborent par la force des choses. Le plus puissant, avant son départ joue un mauvais tour à son second, et ce dernier sans rancune suit son chef, tout prêt à lui prêter son précieux concours dans les circonstances difficiles parmi lesquelles il devra se débattre. La Mission devrait faire imprimer cette anecdote dans ses manuels du parfait chrétien pour illustrer la fameuse parole : « Si l'on vous frappe sur une joue, tendez l'autre ». Un collègue a d'ailleurs cru devoir souligner tout ce que le communiqué en question comporte de sous-entendu, et il offre à M. Monguillot un bouquet qui rappelle à s'y méprendre les couronnes mortuaires. Il prétend que la création de l'institut d'émission demandera tant de mois que, notre actuel Secrétaire Général n'aura plus le loisir de revenir parmi nous. Mais alors, puisqu'il ne doit que suivre avec le Gouverneur Général cette importante question, le principal intéressé resterait donc aussi en France ? Au fait, si les appointements sont les mêmes à Paris qu'à Hanoi, pourquoi venir risquer de s'impaluder ?

Dans la crainte d'être bientôt supplanté je suis donc allé trouver notre directeur, mais celui-ci me rassura disant : « Bah, ne craignez rien, il est trop laconique. Je serais obligé de le payer trop cher à la ligne ! » Je sortis joyeux de l'Indochine Républicaine et quelque peu réconforté ; mais j'aperçus alors la lune qui se cachait le visage et je m'en fus vexé songeant que « tout était sauf, hors l'honneur ».

J. B. G.

Ecran du 24 Octobre 1926.

La lumière nous vient de Saigon

Un de nos confrères se plaignait amèrement, ces jours derniers, de ce que telle nouvelle d'Europe, confiée, par notre Agence officielle, aux journaux du Sud, n'avait pas été transmise à ceux du Tonkin. Négligence? Censure? On ne sait!

Mais je m'aperçois aujourd'hui, — à moins que ma vigilance ait été seule en défaut, — que d'autres informations nous échappent, depuis que le Gouverneur Général réside à Saigon. Qui de nous, en effet. a entendu parler de la Commission permanente de révision des cadres et des indemnités? Or par son but et par sa composition, par sa composition surtout, ce nouvel organisme mérite d'attirer notre attention.

Avant toute critique, il importe cependant de savoir exactement de quoi il retourne, nous allons le demander à notre excellent confrère *Saigon Républicain*, auquel nous empruntons l'article ci-après, paru dans son numéro du 20 Septembre courant (l'innovation est toute récente, on le voit) et qui a toute l'allure d'un communiqué:

« La nécessité de réaliser la compression des effectifs du personnel administratif de la Colonie, ainsi qu'une réduction des émolûments et avantages matériels accordés à ce personnel, a été souvent signalée et elle a donné lieu aux études de nombreuses commissions qui, bien qu'animées de la meilleure volonté, n'ont pas formulé de propositions susceptibles d'être mises en pratique.

Sur le montant des émolûments des fonctionnaires indochinois, une étude impartiale conduit à admettre que les tarifs actuels considérés en monnaie locale, c'est à dire dans la monnaie qui chiffre l'indice du coût de la vie dans la Colonie, ne peuvent être aujourd'hui révisés. L'incidence du relèvement des salaires sur le renchérissement du prix de la vie s'est en effet depuis longtemps déjà produite et l'on ne pourrait diminuer le salaire de base des employés de la colonie, sans placer ceux-ci dans des conditions d'existence extrêmement précaires et de nature à leur faire regretter amèrement leur expatriation.

Comme, d'autre part, depuis le relèvement général des traitements, leur échelle n'est plus proportionnelle et comme notamment les fonctionnaires des grades supérieurs ont subi une notable diminution de leur situation, l'administration ne saurait envisager la réduction des soldes les plus élevées sans courir le risque de se priver du stimulant des avancements en grade qui se chiffrent déjà par des augmentations de soldes trop faibles, et surtout de tarir le recrutement de ses fonctionnaires supérieurs. Il est en outre à remarquer que les sacrifices que la Colonie s'est imposés ont eu pour contre partie une sélection bien plus rigoureuse des agents qu'elle recrute et qui lui permettra de compter d'ici quelques années dans tous ses services un personnel très homogène et d'un niveau très relevé.

Les économies à réaliser sur les dépenses de personnel ne doivent donc pas être recherchées dans une réduction des soldes. Dans la mesure où elle pouvait avoir lieu, celle-ci s'est imposée automatiquement du chef de l'élévation du taux de la piastre de l'année 1921, date de l'entrée en vigueur des nouveaux tarifs de solde à l'année 1925, les salaires en piastres perçus en cours de cette dernière année étant ceux que percevront désormais les fonctionnaires en vertu de l'arrêté du 20 Juillet dernier qui a réalisé la stabilisation des soldes en piastres.

Quant aux prestations et indemnités dont bénéficient les fonctionnaires de l'Indochine, les propositions d'une Commission récemment réunie en vue de leur réduction, conduiraient à des charges nouvelles importantes et ne procureraient d'économies qu'à une lointaine échéance.

Cependant, l'on ne saurait de bonne foi nier la possibilité d'opérer des réductions d'effectifs dans le personnel administratif de l'Indochine et de supprimer ou de réduire, suivant le cas, les accessoires de solde accordés à ce personnel. Mais une œuvre de ce genre ne peut être menée à bonne fin que progressivement sur une longue période de temps, avec méthode et esprit de suite en mettant à profit les vacances d'emplois qui se produisent pour la compression des effectifs et les mutations pour la réduction ou la suppression des indemnités.

Il a paru au Gouverneur général de l'Indochine que cette tâche de longue haleine devait être confiée à une commission permanente dont la consultation serait obligatoire chaque fois qu'il s'agirait de combler une vacance survenue dans l'un des services de la Colonie, de créer un emploi ou de pourvoir d'un nouveau titulaire, un poste auquel serait attachée l'une des prestations en deniers ou en nature prévues par les règlements.

En conséquence le Chef de la Colonie a signé le 14 septembre l'arrêté suivant :

Article 1er. — Il est institué au Gouvernement général une Commission qui sera obligatoirement consultée sur la fixation, la modification et la composition des cadres du personnel de tous les services de l'Indochine.

Aucun emploi nouveau ne sera créé, aucun détachement de fonctionnaires des cadres métropolitains ou coloniaux, aucune mise hors cadres de militaire, aucun engagement ou renouvellement d'engagement d'agent contractuel ou journalier ne seront autorisés, aucune vacance se produisant dans les cadres ne sera comblée qu'après avis de cette Commission.

L'orsqu'il y aura lieu de pourvoir au remplacement d'un fonctionnaire occupant un emploi auquel est attachée l'une des prestations en deniers ou en nature, prévues par les arrêtés du 13 février 1926 et actes subséquents, la Commission sera consultée sur le maintien, la modification ou la suppression de la dite prestation.

La Commission pourra, en outre, soumettre au Gouverneur général les suggestions qu'elle aurait à émettre tant en ce qui concerne la compression des effectifs du personnel que leur meilleure répartition ou utilisation.

Article 2. — La Commission prévue à l'article 1er ci-dessus sera composée ainsi qu'il suit :

Le Directeur des finances de l'Indochine, avec voix prépondérante en cas de partage des voix ;

Le Directeur du Cabinet du Gouverneur général ou en cas d'empêchement, le chef de Cabinet du Gouverneur général ;

Le chef du service du personnel du Gouvernement général.

Le chef du service du Contentieux et du Contrôle administratif du Gouvernement général. »

L'auteur de cette information (article ou communiqué) avait raison de rappeler, dès les débuts, que d'autres commissions avaient été saisies déjà du même problème ; une, entre autres, fonctionna l'an dernier, sous le nom de grande Commission des Economies, elle comprenait des délégués du Personnel, et je me suis laissé dire qu'elle a fourni un intéressant travail, suggéré de sérieuses économies.

Quel cas a-t-on fait de ces conclusions ? Les a-t-on seulement lues, en haut lieu ?

Cette façon — à la Pénélope — de toujours remettre les mêmes matériaux en chantier, sans jamais rien achever, me parait simple procédé pour leurrer les naïfs et calmer les impatients : vous voulez des réformes, des réductions de frais ? Attendez ! Nous allons désigner une Commission ! Et l'on se rendort, momentanément débarrassé des bourdonnements de la Critique.

Cette fois, pourtant, la manie semble moins inoffensive : il est formé, en effet, une Commission *permanente* ayant, dans ses attributions, un véritable Contrôle des moindres actes des Gouverneurs : ceux-ci ne pourront plus ni allouer une indemnité de monture à 12 piastres, ni embaucher le moins payé des journaliers, français ou annamite (le texte ne fait pas de distinction) sans en référer à la Commission ; encore donc un visa, encore une vérification qui se superposent à tant d'autres ! Direction des Finances et Contrôle Financier ne suffisaient plus, alors ? Mauvais signe ! Car de même que les champignons pullulent sur le fumier (c'est à notre ancien Gouverneur Le Gallen qu'est dûe la comparaison,) la multiplication des organes de contrôle décèle la pourriture des abus administratifs.

Par ailleurs, voyons un peu de quoi se compose ce Super-Contôle : le Directeur des Finances président ; mais il y a superfétation ! De par son rôle même de Directeur des Finances, il avait déjà les droits et devoirs assignés à la nouvelle Commission ! Puis trois Membres : Le Directeur du Cabinet et les chefs des deux bureaux du Personnel et du Contentieux du Gouvernement Général ; en tout trois administrateurs.

Sous leurs fourches caudines, — à eux bureaucrates ne percevant que de très loin la complexité de la tâche des Gouvernants, et de ceux qui mettent la main à la pâte, — passeront, en matière de personnel, tous les actes des Résidents Supérieurs, et des techniciens placés à la tête des plus importants services. C'est ce qu'on appelle faire de la décentralisation.

Voyons plutôt, dans ces mesures prises in extremis le bluff d'une réclame malsaine ; soucieux d'allonger, coûte que coûte, et vaille que vaille la liste des réformes à son actif M. Varenne non content de s'attribuer le labeur de ses devanciers, le dénature et le gâche en le démarquant avec trop de précipitation.

Règne de l'instabilité ! Règne de l'incohérence ! Et je ne parle pas de la... sincérité.

Me Lebureau

Opinion Libre des 27, 28 Octobre 1926

Le règne d'Anastasie

On voit que Monsieur Varenne s'est bien imbu de son métier, pendant la guerre, lorsqu'il était grand Directeur de la censure. Mais il est malheureux, pour lui et pour nous, qu'il accuse cette déformation professionnelle dans ses hautes fonctions de Gouverneur Général.

Depuis un an, en effet, chaque courrier nous étonne par le nombre de nouvelles importantes qu'il nou apporte et que nos agences afficielles avaient jusqu'alors interceptées. C'est par les journaux, quarante jours après l'évènement, que nous fûmes mis au courant de l'émotion causée en France par certains discours de M. Varenne, et des interpellations qui devaient suivre.

Aujourd'hui, les feuilles métropolitaines datées du 20 Août (je précise) étalent sous nos yeux cette nouvelle émanant de l'officielle Havas : « M. Varenne rentre en France ; il se présentera aux élections sénatoriales de Janvier prochain. Sa succession est ouverte, et on donne comme candidat M. Frédéric Brunet, député de Paris ». Notre Radio aurait tout de même pu, semble-t-il nous câbler des renseignements d'un tel intérêt.

Mais on sent, à une foule d'indices, que les autorités s'amusent à nous cacher bien d'autres choses, notamment, le désaccord complet entre notre Gouverneur Général et le Conseil des ministres.

Il fut une époque où, loin de se plaindre d'une tutelle trop serrée le chef de la colonie était gêné de ne pas recevoir de Paris des directives assez précises. Tout cela a bien changé ! Voyez comme Monsieur Varenne serré aux entournures récrimine contre ses chefs ! Savourez ce passage de son discours d'ouverture du Gouvernement.

« Décentralisons : Cette consigne que nous donnons à notre administration, nous pourrions par ailleurs la soumettre — sous la forme plus respectueuse d'un vœu — à plus haut placé que nous, nous voulons dire à l'administration métropolitaine. Tous les gouverneurs généraux ont eu peu ou prou à défendre leur autorité contre les empiètements du pouvoir central. Lutte perpétuelle entre deux puissances qui tirent chacune à soi la couverture, et perdent souvent le meilleur de leur activité à des chicanes de textes ou à des querelles d'attributions.

Les bureaux de Paris ont une tendance immuable à situer toutes les possessions françaises, même les plus lointaines, dans les limites du 7e arrondissement. Les gouverneurs arguent en vain que des Colonies sont bel et bien séparées de la Métropole par de vastes étendues. N'importe : fussent-elles aux antipodes, il faut bon gré mal gré qu'elles subissent le contrôle sévère, minutieux et incessant de l'administration centrale.

Et pourtant les textes sont clairs qui fixent les pouvoirs respectifs du ministre et du Gouverneur général. Pour l'Indochine la charte est dans le décret du 20 octobre 1911, qui délimite exactement les attributions de chacun : au Gouverneur général tout ce qui relève de la procédure des arrêtés ; au ministre tout ce qui doit être réglé par décret.

Qu'il y ait entre eux une communication constante, le gouverneur informant le ministre de ses projets d'arrêtés, le ministre ne prenant ses décrets que d'accord avec le Gouverneur, cela va de soi.

A une condition toutefois, c'est que le chef investi de la confiance du Gouvernement, qui étudie les problèmes, non sur pièces mais sur place, qui vit de la vie même du pays qu'il administre, ne voit pas sa politique gênée et ses projets retardés par les objections ou les atermoiements des bureaux de Paris

N'est-ce pas d'ailleurs ainsi que l'a compris l'auteur du décret lui-même ?

L'article 2 dit en propres termes que « le Gouverneur général est le dépositaire des pouvoirs de la République dans l'Indochine française ».

Le commentaire du rapport de présentation n'est pas moins formel :

« Une colonie, un pays nouveau qui doit être formé, organisé, développé suivant ses aptitudes, ses moyens propres, ne peut être organisé, dirigé et administré de la Métropole. »

Et plus loin le même rapport ajoute, toujours en ce qui concerne l'Indochine, cette précision éloquente :

« L'essor de la Colonie, longtemps retardé par les méthodes d'assimilation, par les regrettables habitudes de centralisation qui déféraient aux bureaux irresponsables de Paris le soin de décider, sur pièces, de toutes les questions importantes, s'est affirmé décisif et rapide dès que les destinées de l'Indochine ont été remises à un *plénipotentiaire*, ayant, selon l'expression de Jules Ferry, mandat d'agir et d'oser. »

« Plénipotentiaire », qu'est-ce à dire ? Etymologiquement cela doit signifier : *muni de pleins pouvoirs.* Soyons modestes et n'en demandons pas davantage.

Nous ne nous laisserons pas décourager par les menues difficultés de la vie administrative qui ne sauraient paralyser l'effort quand il est sincère et tenace. Il nous suffira d'ailleurs, pour en avoir raison s'il en était besoin, d'en appeler à la loyauté et au bon sens d'un ministre qui, collègue en même temps que successeur de M. Albert Sarraut ne peut avoir en pareille matière une doctrine différente de celle qu'a parfois définie avec beaucoup de netteté et de force l'homme qui exerça avec tant d'éclat les fonctions de Gouverneur général de l'Indochine. »

Malgré l'adresse ou plutôt la malice cousue de fil blanc de ce dernier appel à la compétence de M. Sarraut l'acrimonie perce à travers les déclarations du Gouverneur Général ; en me basant uniquement sur cette déclaration, je parie dix contre un que M. Varenne a bien terminé sa carrière coloniale.

C'est que de grands pays comme l'Indochine ne sauraient tout de même être livrés à titre de champs d'expérience, aux théoriciens des partis extrêmes.

A. R.

Editorial du 29 Septembre 1926

Bravo ! Bravissimo !

Un de nos excellents confrères termine un article tout à fait élogieux sur le grand discours de Saigon de M. Varenne par cette phrase, qu'à notre sens il faut retenir :

« Un chef qui sait agir et qui sait oser » selon la définition même que Jules Ferry a donnée du Gouverneur général, un chef qui sait vouloir et dont le nom s'inscrira certainement en lettres d'or dans le livre de la reconnaissance indochinoise, si le gouvernement français, édifié sur la haute valeur de son mandataire, lui donne toute la possibilité d'achever la tâche qu'il vient de si brillamment commencer ».

On ne saurait mieux parler ; j'applaudis des deux mains ; comme de bonhommie, en effet, la longue harangue du Gouverneur Général est bourrée de bonnes intentions. Elle ne constitue nullement, quoi qu'en dise l'intéressé, un compte rendu de mandat, mais bien un exposé de programme ; ce n'est pas la même chose !

A promettre, on a toujours beau jeu ; mais le public serait beaucoup plus heureux de toucher du doigt ce qui a été réalisé ; or le discours de Saigon comporte deux parties fort inégales ; la première tient en quelques lignes, intitulées «*J'ai fait* » ; la seconde remplit le restant de quatre grandes pages de journal, sous le titre « *Je ferai* » ou plutôt « *Je ferais* », car tout est subordonné à une condition essentielle : accord avec le Conseil des Ministres et renouvellement de la Mission.

En fait de réformes réellement effectuées, il faut inscrire à l'actif de M. Varenne l'atténuation du régime de la contrainte par corps ; un point, c'est tout.

Il ne faut pas parler, en effet, de l'accession des Annamites aux cadres français ; car si des textes ont été signés, des listes d'emplois approuvées par le Ministre, *pratiquement* tout se passe comme antérieurement ; l'Administration reste libre de ne pas nommer d'Annamites diplômés, comme de ne pas les admettre aux divers discours. Un changement de chef, et l'édifice tombe ; apparemment parce que mal construit.

Le crédit agricole est toujours... sur le papier ! Il y était depuis plus de vingt ans. Rien de nouveau, sauf deux arrêtés; encore des personnes bien informées assurent-elles qu'ils n'ont précisément pas l'approbation de la Métropole.

L'organisation de corps élus ? Promesses ! M. Long en avait déjà fait ; il est mort ! M. Merlin les avait renouvelées : il n'est pas revenu ! L'avenir seul nous dira si Varenne aura plus de chance !

En attendant, la direction d'un pays comme l'Indochine ne comporte pas que des innovations, ou des gages à donner à à tel ou tel parti politique ; il y a un service courant à assurer, des affaires parfois importantes à expédier.

C'est dans ce domaine que l'œuvre de M. Varenne est fort contestable, et sera probablement discutée à Paris. Par ses origines, un peu aussi par ses attitudes et celles de son entourage, il a semé en Indochine un esprit d'indiscipline, de révolte, en tout cas d'effervescence dont le pays pâtira longtemps.

Par ailleurs, il venait de France avec un Etat-Major convaincu ou affectant d'être convaincu de l'indignité des Français d'Indochine ; nous étions tous des coloniaux à la trique. Du coup, le petit clan s'est refermé sur lui-même, les rapports ont été rompus avec les hautes autorités administratives locales.

Sans compétence technique, le clan, Gouverneur en tête, a mis en œuvre deux moyens de gouvernement : le favoritisme et la terreur ; des passe-droits, ou des coups de force.

Une administration normale, bien assise, ne s'accommode ni d'une telle ignorance, ni d'un tel parti-pris ; elle réclame l'équité servie par la compétence.

Il nous serait facile de démontrer, par des exemples précis, que l'une et l'autre firent défaut à M. Varenne et au groupe d'étrangers auxquels, depuis onze mois est en proie notre belle colonie.

A. R.

Editorial du 30 Septembre 1926

Incompétence Administrative

Ce n'est ni sans raison ni sans preuves à l'appui que nous avons émis hier, cette opinion, d'ailleurs courante dans les milieux un tant soit peu avertis : la première année d'administration de M. Varenne porte la marque de l'incompétence.

Les résultats aussi décevants que brusques sont là, dans leur brutale éloquence : un budget général bouleversé, auquel il manque douze millions de piastres, sur un total de 70, manquant qu'on cherche à combler par des impôts improvisés, dont les répercussions pourront peser lourdement sur les destinées économiques du pays.

J'ai dit *manquant* et non *déficit* : en effet il a été clairement prouvé, par la production de chiffres officiels, que recettes et dépenses inscrites correspondaient aux opérations normales de l'exercice ; seulement, en cours d'année, on a puisé à pleines mains, un peu partout et pour toutes sortes de buts qui n'avaient pas été envisagés à l'origine. C'est cette façon aussi originale qu'irrégulière de gérer, d'exécuter un budget, qui seule cause des dépassements et des emprunts excessifs à une caisse de réserve bientôt vide.

Les budgets locaux ne sont pas logés à meilleure enseigne ; eux aussi pâtissent du fait du Prince ; il avait été décidé, en effet, d'accord entre Gouvernement général et Gouvernements locaux, que les subventions habituelles seraient remplacées désormais par une ristourne sur les principales taxes indirectes alimentant le Budget de l'Indochine ; ce régime, fixé pour cinq ans, impliquant, par ailleurs, une répartition parallèle des charges. M. Varenne d'un trait de plume, annule tout cela, et au dernier moment, quand les Résidents Supérieurs ont établi déjà leurs prévisions et plans de campagnes : toutes les charges leur restent, mais ils n'auront à compter ni sur les subventions, ni sur les remises ; il leur appartiendra d'édicter de nouveaux impôts, des impôts directs, les seuls à leur disposition ; et ils devront les mettre immédiatement en vigueur ; c'est le genre *bousculé*, cher à M. Varenne.

Il peut également être agréable à son cœur de socialiste de prendre l'argent où il se trouve ; mais la Cochinchine ; seul Pays de l'Union pourvu d'une assemblée délibérante, a refusé net de se plier à de telles exigences ; d'où conflit entre le Gouverneur et le Conseil Colonial.

Ce conflit n'est pas le seul : M. Varenne et la demi-douzaine de collaborateurs plus ou moins communistes qu'il amena de Paris, sont venus avec cette idée bien ancrée que nous étions tous, nous les Français d'Indochine, des coloniaux à la trique. Cette opinion répandue à loisir dans les milieux indigènes, y sema un véritable esprit révolutionnaire, qui ne tarda pas à devenir gênant même pour ceux qui l'avait inconsidérément suscité : d'où les palinodies, les rétractations (discours de Cantho et autres) qui ont dressé les Annamites de Cochinchine contre M. Varenne, alors qu'il y a six mois à peine ce dernier parlait encore de gouverner avec les Annamites contre les Européens.

Mais au point de vue administratif qui nous occupe plus spécialement aujourd'hui, l'outrecuidante ignorance du Gouverneur Général et de sa Cour métropolitaine eut des conquences autrement graves : moins d'un mois après son débarquement, ce politicien qui n'avait jamais su, pratiquement, ce qu'est l'administration et qui, plus que tout autre avait besoin d'être secondé, avait rompu avec tous les hauts fonctionnaires locaux ; Secrétaire Général, Résidents Supérieurs, Directeur des Finances, Chefs de services tous étaient suspects, tous étaient mis au rancart ; autoritaire, vaniteux, confondant l'importante direction d'un pays comme l'Indochine avec le petit jeu d'intrigues de couloir, — jeu dans lequel il excelle, M. Varenne crut pouvoir suffir à tout, aidé de quelques officiers en rupture de sabre, de quelques journalistes, de quelques avocats sans cause, et.... de Madame Varenne.

Il serait cruel de retracer l'histoire de cette Cour d'opérette, des intrigues, des scandales et des disgrâces dont leséchos, malgré toutes les précautions, se répandirent dans le public comme une trainée de poudre. Aussi ces bruits d'alcôve ne nous intéressent-ils guère. Malheureusement, le pouvoir, tous les pouvoirs, par suite de l'ostracisme des compétences, étaient aux mains des courtisans.

Comment ils en usèrent, nous le montrerons, en quelque sorte, sur pièces, en discutant un à un les actes publics du règne, ceux qui touchent les fonctionnaires, comme ceux qui désorganisent la Colonisation agricole, ou font peser de nouvelles charges sur le commerce, ou engagent l'avenir au seul profit de quelques grosses firmes.

En fin d'année, - et de règne— , le bilan ! Il ne manquera pas d'être instructif.

A. R.

Editorial 1er Octobre 1926

L'Administration de M. Varenne et les Fonctionnaires

Nous avons dit que l'incompétence administrative et l'entêtement de M. Varenne et de son clan avaient été funestes à toutes les classes sociales de la Colonie, nous le démontrerons en detail.

Commençons aujourd'hui par les fonctionnaires qui constituent la plus importante, numériquement bien entendu.

Depuis l'arrivée de M. Sarraut, c'est-a-dire depuis quinze ans, leurs amicales s'étaient habituées à discuter franchement avec les pouvoirs publics ; et de ces échanges de vues, de cette collaboration confiante, on s'était très bien trouvé de part et d'autre. On discutait pourtant et parfois avec vivacité ; mais des hommes de valeur et de bonne foi savent s'accommoder de la controverse, voir en tirer parti. Le premier, le socialiste Varenne se froissa de la plus légère observation de l'inter-amicale ; non seulement il rompit les relations, mais il poursuivit même d'une rancune mesquine, ceux des fonctionnaires qui, en la circonstance, avaient été simplement les porte-parole de leurs camarades.

A ce trait, jugez le libéralisme de l'homme ! Ce qu'il y a de pis, c'est que la suppression de tout contact avec les amicales qui auraient pu le renseigner fut cause de bien des mesures extravagantes prises, par la suite, à l'instigation du clan métropolitain circonvenant le Gouverneur.

Mais poursuivons. Un de nos grands confrères à allures plutôt économiques et à qui, dans tous les cas, on ne reprochera pas d'être l'organe des fonctionnaires, a établi nettement, des chiffres à l'appui, que, depuis 1921, la hausse de la piastre avait automatiquement fait économiser 4 ou 5 millions de piastres sur l'ensemble des traitements administratifs. En fait (ceux qui émargent au budget de la Colonie ne le savent que trop) les émolûments, des dernières années ont été réduits environ d'un cinquième, en monnaie du Pays.

Pour parer à cet effet de la chute du franc et à la vie chère qui en résulta, la Métropole a procédé à un relèvement général des soldes. Pour les Indochinois, et pour eux seuls, M. Varenne fit décider que cette augmentation serait fictive : qu'il ne toucheraient pas une piastre en plus.

Les fonctionnaires avaient pourtant un statut à l'armature solide et qui, sérieusement élaboré avait largement prévu toutes les éventualités : les soldes de base en francs, relevées devaient comporter les suppléments coloniaux correspondant aux nouveaux tarifs. Bien mieux : le jour où le taux de la piastre atteindraient 15 francs, l'échelle de ce supplément colonial devait être revisée.

De tout cela M. Varenne et ses journalistes déguisés en réformateurs ont fait table rase ; l'édifice de 1921 a été jeté bas avec une telle brutalité, une telle précipitation, une telle ignorance que, pendant deux mois, les divers services furent dans l'impossibilité matérielle d'appliquer des décisions heurtant toutes les règles, y compris celles du bon sens. Qu'on en juge : le décret ministériel stipulant que les nouvelles soldes partaient du 1er Janvier 1925, et l'arrêté du Gouvernement prescrivant de ne les payer qu'à compter du 1er Juillet 1926, la caisse des retraites exigeait, pour 18 mois des versements sur des soldes non perçues ; et tant d'autres anomalies qui laissaient éberlués Trésor, Direction des Finances et Contrôle Financier.

Bref, quand le coût de la vie a sensiblement augmenté, la réforme de M. Varenne stabilise les traitements à un cinquième environ au-dessous de ce qu'ils étaient il y a trois ans. Voilà ce que les fonctionnaires lui doivent sur le plan matériel.

Sur le plan moral, indépendamment de la mise au rancart des amicales ils lui sont redevables de l'accession des Annamites aux cadres Français ; aux cadres supérieurs seulement car relisez bien la liste des emplois ouverts ; les Annamites peuvent être : Ingénieurs, Docteurs, Inspecteurs des Douanes, bref occuper tous les sommets ; mais leur sont interdits les postes plus modestes d'agent de police, douanier, gardien de prison, surveillant de travaux, etc. Ces situations sont sans doute réservées à nos enfants. Plus exactement M. Varenne coutumier du bluff, se soucie fort peu d'ouvrir des horizons nouveaux à la masse des enfants de la bourgeoisie annamite pourvus d'une bonne instruction acquise sur place. Ce qu'il veut, c'est exhiber en vedette quelques rares exceptions sorties, grâce à la complaisance des jurys, des grandes écoles de la Métropole, et qui, à Paris se seront frottés peu ou prou à ses coreligionnaires communistes et socialistes ; de futurs thuriféraires tout indiqués,

De sorte que l'administration indigène n'a guère plus de reconnaissance à lui vouer que l'administration Française.

Demain nous étudierons son œuvre en ce qui a trait à la colonisation agricole. A. R.

Editorial du 2 Octobre 1926

M. Varenne et la Colonisation Agricole

La Colonisation Agricole a pris un magnifique essor en Indochine, principalement au cours des dix ou quinze dernières années; mais si nous considérons les onze mois de règne de M. Varenne, nous voyons son développement systématiquement suspendu, puis irrémédiablement compromis pour l'avenir, à moins que la Métropole n'oppose son veto aux projets, - nous devrions dire aux *affaires* - lancés par le Gouverneur général.

D'abord l'arrêt: on n'en saisissait pas le motif; on ne le devine que trop clairement aujourd'hui; dès son débarquement, alors que ne perçait pas encore son entente avec les puissances financières, M. Varenne annonçait son intention de modifier le régime des concessions domaniales; régime qui avait pourtant fait ses preuves. Mais enfin une réforme est toujours admissible; à priori, on la suppose heureuse. Ce qui stupéfia tout le monde et nuisit considérablement aux candidats à la colonisation c'est qu'au lieu de continuer à appliquer l'ancienne réglementation, toujours en vigueur, théoriquement, jusqu'à promulgation de la nouvelle, le Chef de la Colonie suspendit tout octroi de concession, frais de recherches, frais de plans, et frais d'existence dans un pays où la vie est chère pour qui ne travaille pas, lassèrent la patience des demandeurs: j'en connais plus de dix dans une seule province du Nord Annam qui, depuis un an, dossiers prêts attendent en vain leurs arrêtés.

La réforme vient enfin de voir le jour, et tout s'explique: il fallait laisser tout loisir aux grands capitalistes amis, électeurs influents du Puy-de-Dôme, aux gros financier de la taille des Homberg, de faire d'abord leur choix; et quel choix!

Laissant aux particuliers sans fortunes colossales quelques lopins de faible valeur, M. Varenne vend les terres d'Indochine, par superficies immenses d'un seul tenant, à des consortium, à des groupes d'affairistes. Ce qu'ils en feront, l'avenir nous le dira; je vois pour mon compte, poindre non pas un, mais dix, vingt scandales du genre de celui de la *Ngoko Sangha*. Caveant consules!

Mais est-il possible qu'un cabinet dont fait partie M. Sarraut laisse se commettre pareilles iniquités, pareilles spoliations ? Gouverneur Genéral M. Sarraut avait réagi, au contraire, contre le principe des vastes concessions attribuées, parfois inconsidérément, à des Français qui avaient, au moins, le mérite de les avoir mises personnellement en valeur. Chaque fois qu'il le put, il en opéra le rachat, pour les lotir et les rendre aux villages, Et aujourd'hui toutes les bonnes terres rouges de Cochinchine, du Cambodge et de l'Annam seraient livrées à quelques banques ou à leurs firmes ? Ce serait un défi à la sage politique suivie jusqu'à présent, et de ce défi la population indigène sentirait toute la dure portée.

On comprend à présent la précaution que prenait le Docteur Cognacq, Gouverneur de la Cochinchine, dès le mois de décembre 1925 : au courant des *affaires* grandioses qu'allait monter M. Varenne, il prescrivait par lettre circulaire aux Résidents de cinq provinces agricoles de mettre chacun 2000 hectares de bonnes terres libres en éserve pour la petite colonisation ; sans quoi, il n'aurait bientôt pu tenir la promesse de lots de 50 hectares qu'il avait faite aux anciens combattants Ce geste loyal du Gouverneur de la Cochinchine doit être une des causes de sa disgrâce, car il est en disgrâce comme presque tous les grands chefs dont l'Indochine était fière parce qu'ils faisaient œuvre saine et forte.. .. avant d'être brimés par M. Varenne.

Il serait plaisant tout de même, si des intérêts sacrés n'étaient en jeu, et s'il était permis de sourire de combinaisons susceptibles de ruiner la plus belle de nos Colonies, il serait prodigieusement intéressant de confronter le long passé socialiste de M. Varenne avec ses actes de Gouverneur Général : pendant vingt ans, avec ses amis, plus fort que ses amis, il a crié, il a vociféré contre les requins de la finance, contre les banquiers de la colonisation. A peine maître des destinées de l'Indochine il monte des affaires, en parfait accord avec ces bandits, avec ces requins, à qui, d'une main qui ne tremble pas, il signe, - sa réforme n'a ni d'autre sens ni d'autre portée, - la concession globale de toutes les bonnes terres disponibles de la Colonie !

La farce est trop forte pour n'être qu'une farce ; et il se trouvera bien quelqu'un, au Parlement sinon au Conseil des Ministres, qui lèvera ;..... le loup !

A. R.

Editorial du 3 Octobre 1926

Monsieur Varenne et le Commerce Local

Il suffit de se reporter au discours de Saïgon, pour voir avec quelle légèreté souriante le Gouverneur Général impose douze millions de piastres de taxes supplémentaires au commerce indochinois et, pour une très large part, au commerce français, qui n'est déjà pas des plus brillants. Cette charge présentée comme un début, comme une simple entrée en matière, en annonce d'autres ; mais elle correspond déjà à vingt pour cent environ des recettes globales du Budget général ; proportion appréciable !

Je devrais y ajouter les ressources que les budgets locaux demanderont eux aussi, aux mêmes catégories de contribuables ; n'en parlons pas cependant : la discussion de la fiscalité du règne fera l'objet d'une étude à part ; je ne m'inquiète aujourd'hui que de l'attitude de M. Varenne à l'égard du commerce.

On se souvient de la stupeur provoquée par le fameux lot de taxes (calquées sur celles de la métropole, même sur les plus impopulaires et les plus improductives) qu'une communication du Résident Supérieur soumit brusquement aux Chambres de Commerce. Le tolle général des corps élus fit réfléchir le Gouverneur ; il déclara qu'il s'agissait de vagues projets, non au point, qu'il n'avait pas lus, et dont ses bureaux avaient eu tort de faire état dans ce sens. Nous avons su depuis lors, qu'il les avait dictés lui-même. Glissons ! Non sans constater que ces vagues projets, en dépit de toutes les observations, sont aujourd'hui à l'état de décisions.

Vainement les élus auront produit critiques, suggestions des plus sensées ; il n'en a été tenu aucun compte ; M. Varenne a bien ses douze millions, et pris sur les Français, comme il le voulait.

Il est un détail qui mérite d'être particulièrement mis en lumière, d'abord parce qu'il est annonciateur des pires déconvenues, ensuite parce qu'il dénote cette pratique de l'improvisation, de la *bouscule*, qui pourrait aussi bien s'appeler méthode du moindre effort, méthode paresseuse. Il s'agit de l'impôt supplémentaire de 4 pour cent ad valorem, sur toutes les importations : dans cinq ou six ans seulement, vous m'en direz des nouvelles !

Fort sagement nos représentants élus s'étaient mis d'accord pour préconiser un tarif variable suivant les articles ; c'était logique ; tous les produits importés ne supportent pas avec la même aisance le poids d'une surtaxe ; il est des négoces que le 4 pour cent tuera ; d'autres qui pour ainsi dire ne s'en ressentiront point. Une échelle s'imposait, mûrement étudiée.

Oui, mais le Gouverneur Général exigeait sa réforme immédiate ; il ne fallait pas lui parler d'une préparation qui eut été forcément longue ; le 4 pour cent invariable, c'est plus expéditif ! Pour le présent et pour l'avenir, pour l'avenir surtout : un remaniement, en détail du tarif douanier, c'est un travail exigeant un effort d'étude et de discussion sur chaque article ; tandis qu'avec le pourcentage unique, rien de plus aisé que de gonfler les recettes, d'un trait de plume ; par un arrêt en deux lignes, le taux est porté de 4 à 6, puis de 6 à 10 pour cent : les raisons ou prétextes ne manqueront jamais ; et la tentation sera toujours grande.

En voulez-vous quelques anticipations ? L'ignorance et l'hypocrisie internationales de Genève exigeant la suppression de l'opium ; ne parlez plus de l'équilibre du Budget Général ; Paris vous câblerait « Mais relevez donc de 2 pour cent votre taxe à l'importation ! 6 pour cent ne représente qu'une taxe dérisoire ! »

L'année suivante quelque Sous-Brieux en mission se voilera la face devant nos distilleries d'alcool : cinq ou six pour 20 millions d'habitants, dans des pays ou l'alcoolisme est à peu près inexistant. Il faudra supprimer l'alcool et remplacer les recettes qui en découlent : taxe d'importation à 10 pour cent !

Heureux si quelque autre humanitaire, fort en histoire, ne vient pas rappeler que la gabelle est indigne de la 3ème République (1ère en Annam et encore progressiste !). Il serait urgent, dans ce cas, de rendre la liberté aux sauniers et de majorer un tantinet la fameuse taxe : peau de chagrin à rebours, vous dis-je ! Et vous le verrez.

Je n'ai pas parlé de centimes additionnels, eux aussi pourtant sont d'une belle commodité ! et de ce côté, déjà, M. Varenne a donné carte blanche à ses Résidents Supérieurs.

Admettons, — personne ne l'a jamais, constaté, — qu'il faille pour assurer l'outillage de la Colonie, imposer non seulement le commerce français, mais toute matière imposable et dans la mesure où il est normal de l'imposer. Nos Gouverneurs nous avaient habitués, jusqu'à ce jour, à voir les problèmes de ce genre d'abord mûrement étudiés par les services compétents (douane, enregistrement etc...), puis soumis aux Chambres de commerce ; souvent même le débat s'instaurait contradictoire ; il en sortait des solutions acceptables et acceptées.

M. Varenne, en ceci comme en tout, ne connait que sa volonté d'autocrate ; et d'autocrate qui, ayant rompu avec tous les techniciens, tous les Administrateurs sérieux, adopte le seul procédé à sa portée, procédé de Chambre des députés, au demeurant il décide, il légifère, quitte à laisser sur le papier toute réforme dont l'exécution, la mise en œuvre pratique ne sont pas prêtes.

Malheureusement pour le Commerce Indochinois, la taxe à l'importation elle, sera perçue (c'est idéalement clair ; une règle de trois) Elle grossira, s'enflera, comme la Renommée des Anciens ou la Calomnie de Beaumarchais !

A. R.

Editorial du 5 Octobre 1926.

Le péril jaune

Le but primilitif et principal de la célébre Société des nations, était, si je ne m'abuse, d'empêcher le retour de tout nouveau conflit armé entre des puissances, des peuples en désaccord. Tout devait à l'avenir se règler à l'amiable. L'entretien des armées devenait de ce fait chose superflue. Toute l'activité intellectuelle de nos savants et de nos ingénieurs, dispersée jusqu'alors dans les domaines de la défense ou de la protection, pourrait être concentrée pour travailler uniquement à l'amélioration du bien-être des individus, de quelque nationalité qu'ils soient. Cela n'était hélas qu'un beau rêve, une utopie. Non seulement l'existence d'une société de toutes les nations est très précaire, mais il est même impossible de concevoir une confédération des états européens. Le peuple qui eut l'honneur d'imposer au monde les principes d'une société des nations, se récuse lui-même lorsqu'il s'agit de participer à des commissions de désarmement. C'est encore la France militariste, chevaleresque, conquérante qui est la première et sans conteste la plus sincère des nations, prête à règler cette importante question. Sans être ni chauvin ni militariste, je crois que nous aurions tort de persévérer dans cette voie, car nous n'y serons suivis par aucun autre peuple conscient de sa puissance. Les Etats-Unis ne désarmeront pas parce qu'ils craignent le Japon dont les intentions belliqueuses sont à peine voilées. L'Angleterre, malgré ses traités d'alliance aura peur du péril jaune. Et nous, qui avons des intérêts considérables en Extrême-Orient, nous abandonnerions tous les moyens en notre pouvoir pour défendre nos droits, uniquement pour donner l'exemple ?

Ce serait folie ! Je protestais le mois dernier contre les visites inopportunes de certains étudiants japonais chargés d'évaluer les richesses minières du Cambodge ; mais j'étais alors loin d'envisager des conséquences aussi funestes pour notre pays.

Je me plaçais uniquement au point de vue économique, alors qu'il faut aujourd'hui songer à protéger notre bien contre les attaques éventuelles du Japon, qui lève le masque.

Ce n'est plus une pénétration pacifique que les Japonais envisagent, mais une conquête. Ce peuple ne vit que dans l'espoir d'une expansion territoriale prochaine. Toutes ses volontés, tous ses efforts tendant vers un même but : la suprématie mondiale de l'Empire nippon. Dans l'île de Sakhaline, des concessionnaires viennent de découvrir d'importants gisements de naphte. Vont-ils songer à les exploiter dans un but humanitaire, pour diminuer le prix des transports automobiles ? Non ! Leur idée fixe est celle-ci : « Dans trois ans la flotte japonaise sera affranchie du pétrole étranger ». En d'autres termes, l'énorme flotte nippone sera alimentée en combustible par le Japon lui-même et pourra de la sorte évoluer même au cas où les autres puissances essaieraient de l'en empêcher. Les ordres de la S. D. N. n'existeront donc pas pour cette nation si ses dirigeants décident d'attaquer l'Amérique ou l'Europe, ou même plus simplement de conquérir l'Indochine.

Ne dites pas que c'est une prévision pessimiste. Les Japonais étudient la Mandchourie au point de vue agricole, l'Indochine au point de vue minier, et recherchent dans un but inavoué, mais pas très louable la suprématie maritime en Extrême-Orient. Les puits pétrolifères de Sakhaline vont la leur assurer.

Pour la forme ils semblent tenir à la conclusion du fameux traité commercial avec la France. Or, vous avez sans doute noté que M. Varenne, soucieux de cultiver sa popularité à coups de réformes plutôt malheureuses, n'a fait aucun effort pour ajouter ce nouveau fleuron à sa couronne. Quelques grosses sociétés japonaises n'auraient-elles pas des promesses fermes de concessions colossales dans la région des terres rouges ? Après le pétrole, le Japon aurait aussi le caoutchouc. Dans ces conjectures, il serait certainement plus habile, au lieu d'envoyer nos spécialistes en mission dans les Indes néerlandaises et de charger les autres d'étudier la pharmacopée sino-annamite, il serait infiniment plus utile de les engager à chercher aussi des gisements de naphte, et à mettre en valeur pour le compte de la colonie, les terrains fertiles qui vont être vendus aux étrangers.

J B G.

Écran du 5 Octobre 1926

M. Varenne et sa conception de la fiscalité

Inutile de se payer de mots ; aucun impôt n'est agréable, et l'on ne trouvera nulle part, sur la machine ronde de contribuables exultant à l'idée d'apporter leur argent au Trésor public, nous ne viserons donc pas au triomphe trop facile qui consisterait à démontrer que M. Varenne est indésirable parce qu'il nous accable d'impôts.

Non ! Nous en appellerons, au contraire, sur ce point spécial, à l'opinion, une opinion éclairée dont se sont faits l'écho tous les journaux de la Colonie : le Français d'Indochine sait que des dépenses sont à engager pour mettre le pays en valeur, et qu'à, cet effet il y a lieu de demander un effort raisonnable à la population, tant européenne qu'indigène. Mais il sait aussi que le désordre et la dilapidation règnent dans une administration qui ; en mettant les techniciens au rancart, tend à devenir de plus en plus ***politique*** ; lisez arbitraire. Je n'en donnerai qu'un exemple : les fonds secrets doublés par M. Varenne, en dépit des vives protestations des membres élus du Conseil de Gouvernement.

De faciles compressions et des réformes depuis longtemps réclamées par les compétences les plus diverses devraient permettre de réaliser d'abord de sérieuses économies ; après quoi ; nul ne se refuserait à payer sa part d'impôts.

Mais d'impôts rationels, mûrement étudiés de façon à apporter, dans l'économie générale, le moins de trouble possible ; or d'études et de consultations, M. Varenne n'a cure : n'avait-il pas rêvé d'introduire chez nous en bloc, toute la série des taxes récemment votées par la métropole, en une crise sans précédents ? Non seulement la plupart ***ne pouvaient pas*** s'adapter à notre régime, mais l'Indochine — et c'est fort heureux pour elle, — n'en est pas encore au niveau où la chute du franc a amené la Mère-Patrie ; elle a d'autres ressources disponibles ; un autre choix lui est permis entre matières imposables. Mais qui dit choix dit encore étude ; et M. Varenne qui n'a jamais fait partie des Conseils de Gouvernement, et n'a jamais su ce que signifie le mot ***administrer***, reste le député qui vote, ici le Gouverneur qui signe des arrêtés. A d'autres de les appliquer, même quand tout s'y oppose, Et c'est ainsi que les mesures prises par lui, même les mesures fiscales, restent en suspens, édictées mais non mises en pratique. Un exemple entre dix : les budgets locaux sont privés à la fois et des subventions du budget général et des ristournes sur taxes indirectes. Comment combler un déficit qui se chiffre par millions ? L'improvisation, la *bousculade*.

Le contribuable consent à payer je vous le répète ; non cependant au petit bonheur, et dans un tel désordre.

Il est par ailleurs, sérieusement choqué de certains propos tenus par M. Varenne ; propos qu'excusait primitivement son ignorance et qui ne s'expliquent plus aujourd'hui que par son entêtement de socialiste demeuré profondément hostile à la Colonisation : « chassez le naturel, il, revient au galop ! » Il veut à tout prix soutenir que les Français d'Indochine payent moins d'impôts que les indigènes et que leurs compatriotes de France.

En bloc évidemment les Annamites alimentent nos budgets, pour une part prépondérante ; ils sont des millions et nous ne sommes que des milliers ; mais par tête, qu'il s'agisse d'impôt personnel, de taxes de consommation, de patentes, de droits quelconques, nul, sauf M. Varenne, n'ignore que le Blanc est de beaucoup le plus fortement imposé.

Evoquant la situation de la métropole, le Gouverneur Général, à plusieurs reprises, l'a dressée devant nous comme un épouvantail : Gare ! Le ministre des finances vous imposera d'office, s'il connait votre sort privilégié ! En fait de privilège, le délégué de l'Annam a péremptoirement prouvé, en plein conseil de Gouvernement, que nous avions celui de payer exactement le double des impôts payés par les métropolitains : mille francs là-bas, deux mille ici ; il lui a suffi de produire quatre chiffres : ceux des populations respectives et des totaux respectifs des charges budgétaires. A cette démonstration en quatres chiffres, officiels, irrécusables, M. Varenne n'a rien répondu.

Il n'en continuera pas moins à nous harceler de ses propos sans consistance ; car dans la politique, surtout dans la politique d'opposition qu'il a longtemps pratiquée, on perd tout respect, et même tout sens de la vérité.

De la vérité et de l'ordre ! Ce sont précisément les deux grands reproches que lui font les contribuables d'Indochine.

A. R.

Editorial du 6 Octobre 1926

Au son de l'accordéon !

Vous l'avez tous vu, ne serait-ce que sur des affiches, ce gros poupon rose qui ornait sa boutonnière de quelques brins de muguet, et vous débitait avec des gestes de petite femme chatouilleuse des chansons grivoises parsemées d'allusions souvent trop directes à certains vices qui commençaient à se répandre dans notre société. Ce cabotin talentueux avait un don particulier de pénétration, si bien que son succès fut rapide et sa fortune scandaleuse. Le concert qu'il monta connut une vogue extraordinaire et les refrains de ses chansonnettes sont encore bien souvent fredonnés par la plupart d'entre nous. Je croyais donc cet heureux homme retiré de la scène, vivant tranquille à la campagne au milieu de ses petits amis. Un journal cochinchinois m'apprend qu'il n'en est rien. Il serait au contraire devenu l'un des financiers saigonnais les plus en vue et les mieux en cour. Notre généreux Gouverneur général aurait en effet signé avec lui en septembre, (à peu près au même instant qu'il apposait son paraphe sur l'arrêté fameux des concessions), un contrat en bonne et dûe forme, lui accordant un petit domaine de vingt-trois mille hectares de terres rouges, avec un tout petit bail de quatre-vingt-dix ans Il parait même que le Gouverneur p. i. qui n'était encore que résuper en Annam, aurait dû insister fortement pour conclure l'affaire.

Peu nous importe ce qu'était venu faire à la colonie ce nouveau riche. Peut-être s'était-il après la guerre converti au socialisme, et ne pouvait-il plus vivre loin de son soleil ? Peut-être aussi la consonnance du nom m'a-t-elle trompé ? Ce millionnaire futur peut n'être qu'un frère, un parent éloigné ou même un simple homonyme du célèbre chanteur. En tout cas, il est fort répandu dans le Puy de Dôme et sa propagande électorale n'est pas négligeable. La preuve, c'est que M. Varenne l'a soigné. Car enfin, si le personnage par lui-même nous est indifférent, le propriétaire d'une concession de vingt-trois mille hectares au Kontum excite notre curiosité. C'est une sorte de phénomène, de monstre, d nt nous devons nous méfier Son influence sur notre Gouverneur est énorme puisqu'il contraignit ce dernier à enfreindre son arrêté datant de quelques heures à peine.

Le 19 septembre en effet, M. Varenne offrait « toutes facilités à l'extension massive de la grande colonisation par l'octroï de concessions de 6.000 hectares d'un seul tenant, et la possibilité de détenir 15.000 hectares en concession provisoire ». Or l'heureux agent électoral obtient 23.000 hectares d'un seul tenant et pour 90 ans Comme il ne vient pas de naître, il a jugé ce provisoire amplement suffisant car cela équivaut à du définitif. Ne croyez pas d ailleurs qu'il ait l'intention d'exploiter ce petit royaume. Il doit être également près de Clermont Ferrand en janvier prochain. D'ici là quelques requins affamés lui auront racheté pour un nombre respectable de millions son droit de culture sur ce territoire, ce qui lui permettra d'intensifier sa campagne électorale. Cette tractation est illégale, en contradiction formelle avec le plus récent arrêté relatif aux concessions. Peu importe, si les signataires et ceux qui sont chargés de faire respecter les arrêtés sont satisfaits. A quoi bon protester ? Le souverain maître n'a-t-il pas le droit de disposer à sa guise des biens de ses sujets ? « Vous êtes socialiste ? Ah non, mon cher, pas de politique ici, je vous en prie. De la collaboration dans le calme et de là seulement doit sortir le bonheur de la collectivité. Or, dans les plus petits comités règne presque toujours la mésentente. Il faut donc réduire le nombre des collaborateurs au minimum. Je m'y efforce en réduisant chaque société à un individu et en cherchant les solutions capables de rendre minimum le nombre des sociétés. Pour ce faire, en matière de colonisation par exemple, j'accorde des concessions aussi vastes que possible et je choisis naturellement les bénéficiaires parmi mes amis sûrs, parmi ceux qui ne viendront pas troubler ma quiétude par leurs perpétuelles réclamations. » A notre époque, rien ne doit être négligé, pas même la danse. C'est dommage que je ne sache pas danser la bourrée !

J. B. G.

Ecran du 4 Octobre 1926.

Le dernier poste du bilan

Politique et lutte de races

Nous avons vu en détail comment M. Varenne, venu des milieux politiques et sociaux les moins aptes à l'œuvre colonisatrice, n'avait pu suppléer par une faconde inépuisable, au défaut de connaissances précises et de préparation administrative. Son esprit têtu, son incommensurable vanité, vainement masqués de fausse bonhommie, ne s'accommodèrent par ailleurs d'aucun conseil d'aucune collaboration sérieuse. Résultat : il a parlé, il a écrit suffisamment pour ébranler, sous couleur de réformes, les plus solides de nos édifices ; mais il n'a rien achevé, rien mis sur pied : de quelque côté qu'on se retourne, on perçoit la trace de démolitions, mais en fait de constructions ou même seulement de fondations, rien !

Récapitulons : à l'égard des fonctionnaires, il a jeté bas leur statut en vigueur depuis 1921 pour réduire en définitive, leurs traitements d'un cinquième : et ce ne sont pas, certes, les Annamites qui profiteront de ces importantes éconnomies: leur accession aux cadres français, de l'aveu de M. Varenne, n'est qu'un bluff, une bonne parole pour les calmer. L'innovation ne pourra servir, et encore dans les limites du bon plaisir du Prince, qu'à ceux qui sortiront des Hautes Ecoles Françaises . . . . . et des cellules communistes.

La colonisation agricole n'est plus ouverte, — à moins d'intervention de la Métropole annulant la dernière réglementation, — qu'aux puissantes sociétés susceptibles *d'acheter* des dix milliers d'hectares à la fois : l'Indochine est à l'encan !

Le commerce d'importation est frappé d'une taxe uniforme *ad valorem* déjà prohibitive pour nombre d'articles et qui, très rapidemeut, le deviendra pour tous. Contre l'opinion unanime des corps élus, le Socialiste Varenne s'est entêté à imposer cette solution *paresseuse* à un déficit budgétaire dû surtout aux désordres et aux gaspillages ; de ces désordres et de ces gaspillages, ce sont les consommateurs, victimes de la vie de plus en plus chère, qui finalement supporteront les conséquences. Mais que devient donc, en la circonstance, la doctrine du parti, si sévèrement hostile aux taxes de consommation ? M. Varenne voulait son emprunt ; il fallait le gager, en allant au plus pressé ; tout le reste luit importait peu.

Indifférent également aux conséquences , aussi mal ou aussi peu calculées que les arrêtés eux-mêmes, il a jeté en bloc, sur la Colonie, un paquet d'impôts dont, pour se disculper, il affirmait hier n'avoir pas même lu les projets ; aujourd'hui ; il lui suffit de répliquer au Conseil Colonial de Cochinchine refusant son approbation ; « Je les édicterai quand même ! » et de déclarer aux Résidents Supérieurs — « Débrouillez-vous ! C'est pour vos budgets ! » Et en effet ces budgets locaux ; il venait de les *désosser* en leur enlevant, sans rime ni raison, le plus clair de leurs recettes.

Ce bilan de l'œuvre *administrative* de M. Varenne n'est certes pas pour donner tort à tous les travailleurs locaux, à tous les artisans de la richesse de l'Indochine, quand ils réclament impérieusement le remplacement de *l'homme des nuées* par un chef compétent ; mais si le mal fait en un an sur le plan financier, budgétaire, fiscal, est toujours réparable, je crains fort que la *politique* introduite dans la Colonie par M. Varenne ne laisse une empreinte autrement dure à effacer.

Et pour le coup, nos Gouvernants de la Métropole pourront faire leur mea culpa ! ; A-t-on idée de confier une Colonie comme l'Indochine à un des chefs de ce parti farouchement doctrinaire, qui toujours a considéré la colonisation comme une spoliation, traité les colons en pirates ?

Venu avec cette auréole et escorté d'une douzaine d'Annamites instruits qu'avaient sérieusement préparés pour la propagande soviétique les Cachin, Doriot et Cie. M. Varenne, à ses débuts, a proclamé publiquement, officiellement qu'il gouvernerait contre les Français avec l'appui, vivement sollicité, de l'élément annamite. De là toute une effervescence, tout un mouvement d'émancipation qu'il essaya d'abord de diriger par l'organisation de son *parti républicain progressiste*, et dont sur le tard, débordé, il voudrait bien décliner la responsabilité.

Mais comment ? Avant lui, le loyalisme des natifs était indiscutable ; il avait fait ses preuves au cours de la guerre. Un an aura suffi à le transformer en un sentiment, encore vague mais qui se précise et fait tache, de nationalisme las de notre tutelle.

Par entrainement, — on ne dépouille pas le vieil homme — M. Varenne a prêché, ici comme en France, la lutte des classes ; avec cette seule différence qu'ici elle se nomme lutte des races et est particulièrement dangereuse pour la poignée de Français préposés au maintien de l'ordre.

Cela lui servira peut-être pour se présenter, tête haute devant ses coréligionnaires internationalistes de la S. F. I O. ; mais je plains l'Indochine, et je plains la France.

Si du moins, pour l'avenir on convenait qu'il est dangereux de confier la construction ou l'entretien de sa demeure à un démolisseur professionnel ?

A. R.

Editorial du 7 Octobre 1926

Adieux

Comme elle dut être touchante cette cérémonie d'adieux que nous décrit complaisamment le communiqué officiel. Que de grâce simple et touchante dans tous ces témoignages de déférente soumission à la toute puissance du souverain qui s'en va. Le départ pour Varenne n'était rien à côté de l'embarquement pour Marseille. Pourquoi ces deux idées se juxtaposent-elles en ma pauvre cervelle ? Il ne s'agit point de fuite pour notre Gouverneur ! Non , sans doute , mais peut-être cette traversée le conduit-elle en exil ? Il paraitrait d'ailleurs peu digne d'un socialiste endurci de se livrer à de pareils épanchements s'il ne s'agissait que d'une séparation de courte durée.

J'espère que M. Hayer était encore dans la région et qu'il put filmer cette scène grandiose dont quelque artiste américain finira bien par s'inspirer pour peindre un pendant au tableau du départ des poilus à la gare de l'Est. J'imagine parmi les laques , les ors et les soieries des grands salons des Messageries Madame Varenne , assise à côté de notre Gouverneur , un peu en avant des hauts dignitaires de sa cour : gouverneurs , résidents supérieurs , administrateurs de tous grades , et souriant tristement aux altesses et excellences des royaumes voisins venus lui exprimer leurs regrets de voir partir pour un aussi long voyage « la Française au grand cœur qui voulut se pencher pour les secourir, sur les misères humaines. » Comment oublier en effet toute l'affection que notre vice-reine témoigna aux européens de la colonie , les innombrables visites qu'elle fit à nos malades dans les hôpitaux , et l'activité qu'elle déploya pour organiser l'an dernier la grande kermesse d'Hanoï. Seuls la proximité de son départ pour France et les ennuis qu'occasionnent toujours le remplissage des malles l'empêchèrent de se pencher à nouveau sur les malheureux inondés du Tonkin ; mais soyons certains que là comme pour la contribution volontaire , de nombreux dons anonymes sont encore l'œuvre de cette femme au grand cœur.

Nous apprenions dernièrement avec fierté que Me Varenne avait personnifié au Siam tout le charme et toute la grâce de la Française. Nous sommes émus aux larmes en entendant aujourd'hui M. Pasquier déclarer qu'elle incarne aussi la générosité et le dévouement.

Mais je m'aperçois que je m'attendris comme si je faisais un éloge posthume. C'est que déjà nous sentons la séparation. Depuis quarante heures l'Angers s'éloigne , et nous apprécions davantage ce que nous perdons. La modestie de ma bourse ne me permet pas , hélas , d'exprimer dans un message , comme M. Pasquier , tout ce que je ressens et que je n'ai pu dire , mais je suis persuadé qu'en les confiant à ce journal mes pensées iront humblement rejoindre en exil notre charmante vice-reine. Je ne manquerai pas d'ailleurs de signaler à cette grande bienfaitrice de l'humanité toutes les misères physiques et morales qui affligeront ses humbles sujets coloniaux , car je suis certain qu'elle s'efforcera toujours de les soulager.

Je ne m'associe pas aux vœux que forment tous les habitants de l'"Indochine pour son prompt retour parmi nous.

Je souhaite au contraire que notre bonne fée reste dans son beau château du Puy de Dôme , d'abord pour avoir le plaisir et l'honneur de lui adresser régulièrement les listes de ceux qui implorent sa protection ; et aussi parce que je suis persuadé que de loin elle se fera certainement une meilleure idée d'ensemble : les détails s'effaceront , et son action bienfaisante ne pourra que mieux se faire sentir.

Quant à notre Gouverneur , puisqu'il doit aussi travailler en France pour la prospérité et l'essor de notre pays , nous sommes amenés à espérer que son séjour dans la métropole se prolongera , car , ce n'est pas dans quelques mois que l'Indochine connaîtra la grande prospérité économique , même avec l'apport des capitaux étrangers et en admettant que l'exécution des programmes des travaux publics empêche les inondations.

Selon la formule consacrée , je souhaite donc à leurs majestés un excellent voyage , et je désire qu'elles jouissent en paix de la douceur du climat auvergnat , en pensant quelquefois à ceux qui rôtissent ou qui sont noyés en Indochine. Quant à nous , nous garderons de leur passage un souvenir , hélas , impérissable.

J. B. G,

Eeran du 7 Octobre 1926

Varenne Janus

Gouverneur Blanc en Indochine. Député Rouge à Paris

Varenne reviendra, répètent ses rares amis, prenant comme toujours leurs désirs pour des réalités. Eh bien ! moi qui n'attache qu'une importance relative à la désignation de tel ou tel Gouverneur, en ce sens que je compte beaucoup plus, pour le salut de ce pays, sur la force des évènements et la sagesse moyenne des hommes que sur les gestes vagues des politiciens, je puis toujours vous donner une assurance : si M. Varenne est maintenu à son poste, c'est que nos gouvernants bourgeois sont devenus plus froussards encore que je ne les aurais jamais supposés.

Voici, en effet, la note que je relève dans les quotidiens de la Métropole :

« Dans les scrutins de l'assemblée nationale sur l'ensemble du projet constitutionnalisant (le beau mot) la caisse d'amortissement, M. Varenne figure parmi les 144 membres qui ont voté contre.

C'est un des miracles du parlementarisme, bien supérieur à la T. S. F. que ce suffrage émis à Versailles par un homme qui réside à Hanoi.

Mais il y a aussi un scandale : M. Varenne a voté contre le Gouvernement dont il est l'agent princièrement rétribué.

On annonce qu'il arrive en France pour soutenir sa candidature au Sénat, en Janvier prochain.

Mais démissionne-t-il, ou bien va-t-on le relever d'office ? »

Quand M. Painlevé désigna comme Gouverneur de l'Indochine son ami et ancien copain de la Censure de guerre Alexandre Varenne, un des coryphées du socialisme, il caressa peut-être l'espoir (les grands savants ont de ces ridicules naïvetés !) que ce geste lui attirerait les faveurs du groupe parlementaire S.F.I.O. Et notre belle Colonie devenait ainsi, ni plus ni moins, l'enjeu des basses intrigues du Palais Bourbon. On ne s'y prend pas autrement pour détruire, et à grands coups de cognée, le magnifique édifice élevé patiemment, à la gloire et à la prospérité de la plus grande France, par des générations de marins, de soldats, de pionniers, dont les sacrifices méritaient pourtant un autre sort. Mais là n'est pas la question.

Painlevé et le Cartel ont été battus ; à la tête des radicaux et autres républicains plus modérés, Poincaré tient aujourd'hui les rênes du pouvoir ; quand il fait le geste suprême pour le salut de la Patrie, quand il prêche l'union pour le relèvement du franc, qui trouve-t-il dressé contre lui : les 144 révolutionnaires internationalistes, socialistes ou communistes, parmi lesquels Alexandre Varenne, par ailleurs son sous-ordre en tant que Gouverneur.

Respectueux de la séparation de l'exécutif et du législatif, Albert Sarraut répétait volontiers qu'un parlementaire avait sur les fonctionnaires, l'avantage de pouvoir, *une fois rentré à Paris*, s'expliquer à la tribune de la Chambre, où il *redevenait* l'égal de son supérieur de la veille. M. Varenne, habitué par son long passé révolutionnaire, à fouler aux pieds lois et réglements et à battre en brèche, par tous les moyens le vieil ennemi : l'Autorité, entend exercer simultanément, à l'encontre de la constitution, et des fonctions administratives et son mandat législatif.

Que sous cette seconde figure, Varenne-Janus lutte contre ses chefs, cela n'est pas pour nous surprendre ; le bonhomme est tout d'une pièce, en France comme ici, il ne connait que deux moyens de se maintenir ; notre Directeur le rappelait ces jours derniers : la corruption et l'intimidation. Reste à savoir si les *hommes d'ordre* du Ministère, de Perrier à Sarraut et de Saraut à Poincaré, seront assez chrétiens pour présenter leur joue au second soufflet ou si le premier les aura réveillés de leur torpeur.

Ici, rendus philosophes par la fréquentation des vieux sages d'Asie, nous admirerons la souplesse chorégraphique du bel artiste jonglant avec les principes ; grand chef, Alexandre refuse à ses subordonnés les fonctionnaires indochinois, du plus haut placé au plus modeste, l'usage normal des droits imprescriptibles de l'homme ; droit de penser, droit d'écrire, droit de réunion : il ne leur reconnait en dehors du service, qu'une liberté : celle de brûler l'encens sous ses augustes narines.

Mais fonctionnaire lui-même il s'arroge la licence de voter par procuration contre son Ministre.

Cette inconséquence, cette dualité d'attitude vous étonne? Pas moi ! Je n'ai pas vécu plus d'un demi-siècle sans constater qu'un libertaire, qu'un révolutionnaire pourvu de la moindre parcelle d'autorité devenait du jour au lendemain, le plus parfait des autocrates. C'est rationnel, en quelque sorte : il joue son rôle nouveau avec sa vieille mentalité d'ennemi de la règle, surtout de celle qui le gêne. Voyez avec quelle désinvolture, avec quelle hâte aussi M. Varenne, dès ses débuts, a éloigné de ses conseils tous les hauts fonctionnaires rompus aux saines traditions administratives et qui auraient été tentés de lui en suggérer seulement le respect.

La candeur de Lachevrotière était grande (presque aussi grande que celle de Painlevé !), quand, au sein du Conseil de Gouvernement, il s'étonnait de voir Varenne doubler ici le chiffre de ses fonds secrets (nous en détaillerons l'emploi un autre jour) alors qu'en France son parti refuse systématiquement ce genre de crédits Aussi le Président du Conseil Colonial de Cochinchine s'est-il attiré cette éloquente réponse sur un ton gouailleur qui ne manquera certes pas de chatouiller agréablement les épidermes du Grand Lorrain Président du Conseil et d'Albert Sarraut, son Ministre de l'Intérieur : « A Paris je ne vote pas les fonds secrets parce que je me méfie des gouvernants ; ici je ne saurais me méfier de moi-même! »

Et allez donc ! Le sentiment supérieur qu'a Varenne de sa propre honnêteté, de sa probité *unique*, doit nous convaincre de l'urgence de lui confier 120 mille piastres, (plus de deux millions de francs) alors que la moitié suffisait à ses prédécesseurs !

Il est vrai qu'il joue double rôle : député révolutionnaire et Gouverneur bourgeois ; chacun nécessite un entretien spécial ; les deux faces de Janus ont un égal besoin d'être périodiquement redorées.

Cependant l'Indochine, en proie, depuis un an, à des expériences politiques et financières qui la poussent rapidement à la ruine, serait heureuse d'apprendre enfin que le Département s'est lassé d'un haut fonctionnaire en guerre ouverte, sous la protection d'un parti *révolutionnaire*, contre le Gouvernement *d'ordre* et de travail que la France s'est librement donné.

Puisse ce 4 Octobre 1926 sonner la fin d'un cauchemar.

N. D.... 4 octobre 1926

G. H.

Opinion Libre du 7 Octobre 1926

Une situation critique

M. Varenne, rentrant en France, se sert, une fois encore, de son agence officielle pour essayer d'influencer en sa faveur l'opinion métropolitaine, celle d'Indochine est fixée; et je serais curieux de savoir combien d'Amicales de fonctionnaires, de groupements de colons ou de corps élus lui ont seulement voté la simple adresse de sympathie, (de pure convenance) qu'on a coutume de rédiger, en pareil cas, pour tout Gouverneur dont on n'a pas particulièrement à se plaindre.

Il est vrai que dociles aux suggestions des Résidents Supérieurs, toutes les Chambres consultatives indigènes, — pardon, les Chambres des représentants du peuple, -ont réédité le geste invariable qu'elles font toujours en de telles circonstances; qu'est-ce que cela prouve ? Tout au plus que le changement de titre n'a pas modifié leur mentalité.

Mais en Cochinchine, où l'éducation civique est un peu plus poussée, le Conseil Colonial, Assemblée mixte, s'abstient de toute manifestation; après avoir pris carrément position contre M. Varenne, au cours d'une session récente, Annamites et Français sont d'accord pour apprécier à sa juste valeur l'œuvre coloniale du député socialiste.

En dehors et fort au-dessus de toute autre considération, et infiniment plus gros de conséquences que toute erreur de détail, le côté vraiment et irrémédiablement néfaste de cette œuvre consiste dans l'état d'esprit révolutionnaire créé de toutes pièces, en ce pays par Varenne et ses coréligionnaires venus avec lui de France, un peu aussi par les thuriféraires intéressés qu'un Gouverneur Général recrute toujours sur place, surtout quand il a ***l'estomac*** de doubler, d'un coup le crédit des fonds secrets.

Point n'est besoin de faire un gros effort de mémoire pour se rappeller ce qu'étaient les populations indochinoises avant l'arrivée de M. Varenne : le doigté de M. Sarraut les avaient maintenues dans le plus ferme des loyalismes, pendant la guerre et les mois qui suivirent; témoins les larges souscriptions aux emprunts et les facilités de recrutement de la main-d'œuvre militarisée que réclamait la Métropole. La France était admirée, alors, avec une sympathique déférence qu'elle n'avait peut-être jamais provoquée avant ces jours de victoire.

Un moment, on put craindre que le retour en masse de bataillons annamites et surtout des groupes d'O. N. S., peu ou prou contaminés dans certains milieux libertaires, ne fût cause de quelque désordre, mais les Gouverneurs, tous les Gouverneurs, d'après guerre, Monguillot, Long Baudoin et même Merlin (bien que la réadaptation fut à peu près achevée quand il nous vint d'Afrique) eurent la vision nette des mesures à prendre pour conjurer le danger ; ils y réussirent parce qu'ils connaissaient l'indigène et qu'ils étaient, par profession ou par tempérament, des hommes d'autorité, non des théoriciens de l'anarchie doublés de parangons de l'internationalisme.

Les feux qu'ils avaient à peu près complètement éteints ne tardèrent pas à se rallumer sous les cendres chaudes, quand le bruit se répandit, comme d'un avénement messianique, de la nomination d'un Gouverneur Général socialiste.

Encore si le Gouverneur était venu seul ! mais il emmenait un état-major de coréligionnaires politiques, dont le premier soin devait être de dénigrer et de mettre au rancart tous les hauts fonctionnaires ***bourgeois***, qui auraient pu crier casse-cou. Bien pis, comme conseillers privés, dont la prétention prêtait à rire dans leur pays d'origine, il se faisait suivre également d'une phalange de jeunes étudiants indochinois ramassés dans les milieux communistes de Paris

C'est ce groupe d'orthodoxes qui déploya les fameuses bannières « Vive Monsieur le Socialiste ! » et « A bas le Colonialisme à la trique ! », qui exigea l'apothéose de Phan-boi-Chau, imposa les directives républicaines de Phan-Chu-Trinh, et finalement grisé de son propre succès, organisa les grèves et les soviets d'écoliers ; le tout sous l'œil paternellement approbateur de M. Varenne et aux applaudissements enthousiastes de Madame, qui ne l'oublions pas, a toujours exercé sa large, sa très large part d'autorité gubernatoriale.

En vain chercherait-on à atténuer l'importance de ces événements, suivis de révoltes répetées et de prédications incendiaires. On ne retire pas les licences une fois données ; les réactions mêmes ne font souvent qu'exalter les esprits.

Le socialiste Varenne a trouvé la colonie absolument calme et les Annamites animés du meilleur loyalisme ; il a semé la discorde et l'agitation, avant-coureurs de la révolte. A ses chefs responsables, au Gouvernement métropolitain de dire enfin si c'est là qu'ils entendent en venir, avec leurs expériences de guerre sociale en Indochine.

A. R.

Editorial 8 Novembre 1926

Le socialiste autocrate et bluffeur

Nous avons eu des Gouverneurs fonctionnaires, sans nuance politiqe affichée, ni même avouée ; nous en avons eu qui se réclamaient du radicalisme ou, plus tard du Cartel, d'autres qui faisaient fond sur le Bloc national ou tout autre groupement de modérés. Il nous aura fallu subir le joug d'un socialiste, et d'un socialiste orthodoxe, de la S F. I. O. pour savoir ce qu'est un autocrate, pour goûter, dans toute sa saveur le régime de l'arbitraire.

La preuve nous ne la demanderons à nul autre qu'à M. Varenne lui-même dont tout le tempérament se montre enfin bien à découvert.

Au moment d'embarquer pour France, afin d'aller y défendre une prébende sérieusement compromise, le Gouverneur Général, resté polémiste, dans ses discours officiels et jusqu'au sein du Conseil de Gouvernement où le moindre souci de dignité eût dû lui conseiller une autre attitude, s'avise d'alimenter sa presse (150.000 piastres de subventions !) en moyens de prôner son œuvre. Sous le titre « *M. Varenne tient ses promesses* » il nous est donné de lire : M. le Gouverneur Général Varenne, avant de s'embarquer, a signé un certain nombre d'arrêtés rendant ainsi effectives nombre de promesses qu'il avait faites. Ces arrêtés comportent. . . .

Suit une énumération de 12 réformes jugées par lui capitales, et dont nous nous occuperons successivement ; qu'il nous suffise pour aujourd'hui, d'examiner la première : « La création d'une représentation des intérêts français dans les pays de Protectorat ».

On se souvient du bruit déjà fait autour de la question. M. Long avait conçu son congrès, qui ne manquait pas d'allure, et que la mort l'empêcha d'instituer.

Son successeur, M. Merlin, eut aussi ses idées ; fort heureusement elles n'obtinrent aucun crédit auprès des pouvoirs métropolitains, et l'on n'en parla guère, M. Varenne, lui, s'étend complaisamment, dans tel de ses discours encore présent à tous les esprits, sur la fausse situation des citoyens français du Tonkin, privés de représentants et ici et en France ; il les plaint, mais ce qui se dégage le mieux de sa philippique, — et ce ton est bien voulu, bien calculé, — c'est la critique acerbe du passé : Comment, se dit-on à l'entendre, comment s'est-il trouvé des Gouverneurs Généraux assez peu démocrates pour ne pas porter immédiatement remède à un mal aussi patent ? Vous allez voir comment moi Varenne, le libéral, l'homme imbu des principes de 1789 j'aurai vite fait de réaliser cette réforme !

Critiques, promesses, vains gestes d'ostentation, le député socialiste du Puy-de-Dôme en est prodigue ; ce sont monnaies courantes de son parti. Les faits, les résultats positifs, substantiels, on les attendra longtemps encore !

— Mais il vous dit, homme de peu de foi, que c'est acquis, qu'il a signé !

— Signé quoi ? Où sont les arrêtés ou même les décrets ? (car c'est par des décrets que se solutionnent ces sortes de questions) ; voyez pour les conseils municipaux, d'importance moindre, si les modifications du régime ne sont pas soumises au Ministre ! A fortiori l'institution d'une représentation française par des Corps élus à créer de toutes pièces !

Il en va de cette affirmation (*j'ai fait*) ! heurtant de front la vérité, comme de la prétention, maintes fois affichée par M. Varenne, de consulter l'opinion publique. Jamais personne ne l'a dédaignée, sous toutes ses formes, comme la dédaigne notre actuel Gouverneur ! Entendons-nous ! Quand il ne peut, fût-ce en la dénaturant, la présenter comme favorable à sa politique.

Ne sortons pas du cas qui nous occupe. Ouvrons les yeux, regardons et comparons ; M. Merlin qui n'était ni socialiste ni même cartelliste, et qui ne s'amusait pas à toujours mettre en avant « un passé de lutteur d'avant-garde » eut cependant l'élémentaire libéralisme d'inscrire son projet de réforme à l'ordre du jour du Conseil de Gouvernement ; il en institua une large discussion, en suite de laquelle il apporta même certaines modifications au texte initial. Même après ces retouches, le projet n'était pas viable, mais il avait été soumis à l'examen de la haute Assemblée.

Avez-vous vu M. Varenne ouvrant son dossier devant les membres du Conseil de Gouvernement, à Saigon ? Non, il a tenu leur opinion pour négligeable. Lui, lui seul et son génie !

Mais au moins a-t-il publié dans les journaux le texte de son rapport ou celui de ses arrêtés, — puisqu'il prétend pouvoir décider en dehors de la Métropole ? — Dans ce cas il pourrait arguer que, se méfiant des élus et des hauts fonctionnaires, — comme il se méfie des Ministres bourgeois quand il leur refuse les fonds secrets, — il en a appelé directement au peuple, dont l'opinion seule l'intéresse. Cela n'eût pas fait mal, dans l'ensemble de ses gestes démagogiques.

Le geste hélas ! il ne l'a pas fait ! Il embarque sans avoir rien laissé percer de ses intentions. Il faut les approuver en aveugles avec la foi du charbonnier.

Pour mon compte, à ce bluff audacieux, j'oppose la simple, la stricte vérité : « la création d'une représentation des intérêts français dans les pays de protectorat » reste encore dans le domaine du rêve ; j'attendrai sa réalisation pour l'inscrire à l'actif de M. Varenne.

Ce diable d'homme prend le futur pour le passé, ... à moins qu'il nous prenne tous pour des imbéciles !

A. R.

Editorial du 9 Septembre 1926

Or ça, or ça, colonisons !

Rien n'est nouveau sous le soleil ! C'est parole d'Evangile ! Et dans notre bon vieux Rabelais, père authentique des Encyclopédistes, nous allons trouver enfin la solution de la troublante énigme : à quoi doivent servir les 12 millions (piastres) d'impôts nouveaux dont nous frappe M. Varenne, sans autre explication comme sans autre forme de procès.

Lorsque Grippe-Minaud, caressant de sa dextre la fine besace de velours pendue à son cou, ponctuait son discours, à vrai dire un peu décousu, de fréquents or ça, or ça, l'ingénuité de frère Jean ne voyait dans cette innocente manie, qu'un moyen ordinaire de . . . . chercher sa phrase Mais le subtil Panurge eut vite compris : de l'or par ici, j'attends votre or ! Et résolument, il jeta sa bourse pleine de beaux ***écus soleil !***

Bon gré, mal gré, nous serons obligés, nous aussi de lâcher le nôtre ; sinon, on nous l'arrachera. Car, après avoir écrit mon éditorial d'hier, j'ai reçu, comme tous les confrères, les confidences un peu plus détaillées du Gouverneur Général sur son lot de douze réformes.

Notons de suite que je ne m'étais nullement trompé, en affirmant que la première, création d'une représentation locale des intérêts français n'était pas réalisée : M. Varenne qui ne daigna en soumettre le texte ni au Conseil de Gouvernement, ni aux autres corps élus pour approbation, ni même à la presse pour discussion toute platonique, nous confie que son projet est actuellement au Ministère. Ignore-t-il donc qu'avant le sien ceux de M. Long et de M. Merlin entrèrent aussi dans la même officine, pour ne plus en sortir ? Personne ne lui a-t-il appris que M. Monguillot, plus récemment avait obtenu l'adhésion enthousiaste de Daladier à un plan parfaitement conçu ? Ce qui n'avait pas empêché le Ministère de tomber et la représentation coloniale avec lui !

Ainsi donc, rien ne dit que les vues de M. Varenne auront l'agrément de la Métropole. Et même dans l'affirmative, je me garderais prudemment de le complimenter de ce succès, ou de m'en réjouir, car j'ignore dans quelle mesure il fera le bonheur des populations indochinoises.

Ce que je sais bien, c'est qu'en matière de colonisation agricole le Gouvernement Général se vante d'avoir déjà pendant qu'il faisait attendre les pauvres petits quémandeurs de rien du tout, aliéné plus de deux cent mille hectares d'excellentes terres rouges au profit de puissantes sociétés financières, espoir de l'avenir, futurs piliers du développement du Pays.

Ce ne sont pas là colons sans surface, auquel un Gouverneur, fut-il socialiste, se permettrait de manquer d'égards. On leur a mis en mains, sans retard, les propriétés convoitées ; ce n'est pas tout, il y a lieu de faire largement les choses : ces vastes domaines, il faut en exécuter le lever, les doter de bonnes voies d'accès et de pénétration .... aux frais de la Colonie. Et ma foi, que n'emploie-t-on aussi la main-d'œuvre, rendue disponible par les inondations, à défricher quelques milliers d'hectares ? La belle œuvre sociale ! Les beaux chantiers de misère à organiser ! Et tous les forestiers ardents à produire, à reboiser, que ne les envoie-t-on semer des pépinières, planter des hévéas ? La sollicitude administrative ne sera jamais trop vive pour les firmes d'Homberg !

Rien que pour les plans et les routes, — or ça, or ça, — M. Varenne nous laisse entendre qu'il écornera vite les millions d'impôts nouveaux

Mais, au fait, que vont bien dire nos vieux colons, travailleurs authentiques, ceux-là, qui, depuis des années peinent sur le sol indochinois ? C'est à eux qu'on réclame une large part des taxes supplémentaires à ce destinées ; or pour eux nul ne s'est soucié de leur épargner les frais de cadastrage ; s'ils ont voulu pénétrer la brousse, ce fut à leurs seuls dépens. Et encore aujourd'hui combien de domaines agricoles, combien d'exploitations minières ayant fait leurs preuves, sans secours officiels d'aucune sorte, ne sont pourvus ni de voies de communications ni des commodités les plus élémentaires.

Je demande qu'on pense d'abord à eux, qui ont payé, qui payent, avant d'engloutir les piastres du Budget, - or ça, or ça, - dans les coffres-forts de spéculateurs qui ne mettront sans doute jamais les pieds en Indochine, puisqu'il leur suffira, pour s'enrichir - or ça, or ça, - de spéculer sur les deux cent mille hectares de terres rouges dûs à l'amabilité, or ça, or ça, du socialiste Varenne.

Le socialiste ! Plus jeune, j'avais le culte de Jaurés, et de ses grands devanciers les Blanc, les Proudhon ; qui m'eût dit que le socialisme en 1926, serait ainsi représenté au Tonkin ?

A. R.

Editorial du 10 Octobre 1926

Le départ de M. Monguillot

M. Monguillot nous quitte, rentrant en France dans des conditions assez imprévues ; il avait été nommé Secrétaire Général de l'Indochine, il y a un an ; et parmi ses attributions élargies, le Gouvernement métropolitain avait formellement inscrit la charge de remplacer, automatiquement, à titre d'intérimaire, le chef de la Colonie absent ou indisponible.

Cette décision n'eut pas l'heur de plaire à M. Varenne ; les lecteurs de *l'Indochine Républicaine* savent pourquoi : systématiquement hostile au monde colonial, haut personnel compris, et soucieux de mettre son autoritarisme fantaisiste à l'abri de tout contrôle des techniciens, le député socialiste du Puy-de-dôme éloigna des affaires son Secrétaire Général, sans l'excuse d'un incident ou d'un heurt quelconque, sans autre motif que son bon plaisir.

Il l'écarte aujourd'hui de sa succession intérimaire ; et on le comprend : une administration saine et correcte aurait évidemment projeté un jour malencontreux sur les actes officiels de ces onze derniers mois. Or M. Monguillot, que d'aucuns se sont risiblement ingéniés à représenter comme *un élément d'opposition*, a toujours été le plus discipliné des fonctionnaires ; mais sa forte personnalité se manifeste par deux qualités primordiales : l'intégrité et la compétence ; deux tares, aux yeux de M. Varenne.

Ce dernier n'a pas réussi, (ce n'est pas de sa faute car il y a employé toute sa ruse arverne et toute son influence) à diminuer l'homme ou l'administrateur ; il en est réduit à faire état de sa valeur pour lui confier, en France, une mission de premier plan : l'organisation de l'Institut d'émission indochinois.

Que subsistera-t-il, dans deux mois, de cette *affectation prétexte ?*

Et de M. Varenne lui-même, qu'aura-t-il été décidé ? Nul ne le sait.

Mais dans tous les milieux, européens ou indigènes, qui s'inquiètent des affaires publiques, dans ceux qui plient sous la férule du Maître comme dans ceux qui regimbent, et jusque dans le petit clan des thuriféraires attitrés du régime, il est certains points acquis, il est certaines vérités qui s'imposent par leur aveuglante clarté.

C'est d'abord la conviction profonde que l'Indochine a beaucoup perdu à la rupture, dûe à l'ignorance et à l'arbitraire de M. Varenne, du contrat moral établi en 1925 par la Métropole, et d'après lequel le Secrétaire Général devait diriger l'administration proprement dite, sous l'autorité et l'im pulsion politique du Gouverneur Général : finances en désarroi, fiscalité improvisée et inapplicable, bouleversement intempestif du statut des fonctionnaires et du régime des concessions agricoles ; état d'esprit alarmant des élus des deux races qui, pour la première fois, refusent de voter les budgets, aigreur provoquée à loisir parmi les Français, ferments de révolte parmi les Aanamites ; telle est l'œuvre de Varenne livré à ses instincts démolisseurs et, dans une certaine mesure, obligé de donner des gages à un Parti anti-colonial par principe.

Nul doute que la froide intelligence, la haute sagesse et l'expérience de M. Monguillot auraient pu, auraient dû normalement enrayer la plupart de ces erreurs de grosses conséquences pour l'avenir.

Quoi qu'il en soit, le Secrétaire Général, depuis onze mois, dans une situation toujours délicate, parfois pénible, a forcé l'estime générale par une attitude calme et digne, s'il n'a pas été admis à servir le pays aussi utilement qu'il l'eût voulu. Cette estime, il l'emporte entière.

En lui souhaitant ainsi qu'aux siens, un heureux séjour en France, un séjour réparateur après de nombreuses années vaillamment consacrées à l'Indochine, nous exprimons également l'espoir de le revoir bientôt parmi nous, en tête des bons ouvriers de la grande œuvre coloniale.

Les faveurs passent, les valeurs restent.

L'Indochine Républicaine

Editorial du 12 Octobre 1916

Le verdict de l'opinion

Dans son dernier discours, — c'est toujours à celui-là qu'il faut s'en tenir, avec des orateurs aussi ondoyants, M. Varenne a proclamé à la face du monde qu'il entendait gouverner avec l'opinion publique. Du coup, il a bien fait de quitter Saigon avant le scrutin de dimanche dernier ; car la Cochinchine Française lui a rudement fait sentir qu'elle avait assez de lui et de ses pratiques administratives, déjà fortement malmenés au sein du Conseil Colonial, puis du Conseil de Gouvernement.

Pour une *tape*, celle-là compte ! De Lachevrotière avait été aussi agressif, aussi catégorique que possible, au moins dans trois circonstances solennelles :

1· En faisant rejeter par la majorité franco-annamite de l'Assemblée locale, la motion de confiance au Gouverneur Général présentée par Me Gallet ;

2· En refusant de voter le budget de la Colonie, pour protester moins contre les nouveaux impôts que contre la gabegie administrative.

3· Enfin, en séance du Gouvernement où, avec quatres autres élus réclamant, comme lui la fin d'un régime de gaspillage, il avait violemment attaqué M. Varenne, puis, finalement, voté contre l'approbation du Budget général.

Le renouvellement du Conseil Colonial survenait comme à point, pour sanctionner ces incidents. Et effectivement, c'est sur ce terrain que fut menée la campagne : de Lachevrofière chef de la liste antigouvernementale, MeGallet, l'auteur de la motion de sympathie à M. Varenne, chef de la liste... mettons des indépendants, pour ne froiser personne.

Le résultat est plutôt éloquent, et tel qu'on en vit rarement en Cochinchine ; malgré tout le talent oratoire de Me Gallet et des nombreux avocats qu'il s'était adjoints, la liste de Lachevrotière passe entière au premier tour.

De ce côté, le Gouverneur est jugé... et condamné.

Restent les élections des Conseillers annamites ; je n'en connais pas encore les résultats, au moment où j'écris ces lignes. Il suffit d'ailleurs de lire, au jour le jour ce qu'écrivent dans leur presse, les candidats les plus marquants, MM. Chieu et Long, pour se rendre compte qu'après avoir fait fond sur un Gouverneur Général socialiste, ils n'ont pas tardé à être piteusement désabusés. Mais même les élus annamites habitués à se ranger, par principe, du côté de l'Administration, furent récemment obligés de rompre avec M. Varenne : témoin l'attitude du Docteur Trinh au Conseil Colonial.

Il est donc acquis dès aujourd'hui que les milieux indigènes de Cochinchine ne sont pas plus favorables au régime que les milieux français.

Et le Docteur Cognacq, dont les premières années de gouvernement avaient marqué une ère de paix et de prospérité pour la Colonie, et qui n'est plus bon à rien, depuis que M. Varenne lui a déclaré la guerre! Comment interpréter ce cas bizarre?

De Lachevrotière ayant invariablement défendu l'ancien gouverneur de la Cochinchine, sa victoire de dimanche indique en quelle estime est tenu ce dernier. Même ses adversaires sont obligés de lui rendre hommage; dans *l'Indochine Nouvelle*, journal de M. Sipière, un des compagnons de défaite de Me Gallet, je relève, en effet la note ci-après, particulièrement éloquente:

« La mise à la retraite de M. le Gouverneur titulaire de la Cochinchine, M. Cognacq, est aujourd'hui officiellement confirmée.

Ainsi finira, dans un certain désordre et dans l'animosité des partis une période d'autoritarisme à laquelle nul ne pouvait s'attendre. Les débuts au gouvernement de M. Cognacq, furent au contraire, accueillis par tout le monde avec la plus grande satisfaction et de très fermes espérances.

Mal conseillé, mal entouré, mal renseigné; il n'a pas trouvé en lui-même les réactifs nécessaires aux poisons de la flatterie pernicieuse. Trop enclin à l'encouragement intéressé vers l'arbitraire, il a donné dans l'écueil.

Son œuvre dernière en Indochine ne doit pas, cependant, nous faire oublier ce qu'il y fit de très bon maintes années durant, et les amitiés anciennes qu'il y sut se créer, basées sur l'estime et le respect, et non sur l'intérêt. »

On ne saurait être plus clair: Cognacq a cessé d'être l'excellent Gouverneur approuvé de toute la Cochinchine, exactement le jour où M Varenne a décidé de se passer de ses services. Monsieur le Socialiste avait son siège fait; il ne lui fallait pas de collaborateurs trop en vue; et comme Cognacq était des plus difficiles à réduire, on a monté contre lui, pendant son absence, la comédie des faux et des vols de documents. Ce fut par un bel éclat de rire que le public cochinchinois accueillit cette manœuvre.

Dimanche le collège électoral s'est prononcé; et ce n'est pas Varenne qui triomphe. S'il est plein d'égards(il l'affirme) pour l'opinion publique, celle-ci ne le lui rend guère.

A. R.

Editorial du 14 octobre 1926

A Propos du crédit agricole Descendons des nues !

Deux arrêtés ont été pris pour organiser le Crédit agricole ; le premier prévoit des Banques, beaucoup de banques, de la Centrale, qui n'aura pas de capitaux (les fonds restant à l'Institut d'Emission, lui-même à créer) aux Provinciales et aux Communales.

Un vrai poème, cette conception, pour le moins prématurée, d'organes de crédit à porté du petit propriétaire, dans les campagnes les plus reculées ! Et voilà où l'on touche du doigt l'action pernicieuse de la théorie, de l'idéologie la mieux intentionnée, dès qu'elle n'est pas appuyée sur le terrain ferme de l'expérience. Et oui, racontez à Paris, exposez à Marseille, devant les élus du peuple ou les coloniaux honoraires, que vous avez eu le souci de supprimer les intermédiaires, de réduire les frais, de faciliter au maximum les plus petits prêts ; on vous applaudira, on admirera votre foi démocratique, votre amour du peuple.

Mais nous qui sommes sur place et qui voyons les choses à l'œil nu, non dans les lunettes de l'enthousiasme ou du bluff, nous savons bien que les communes ont déjà du mal à réaliser la modeste réforme de M. Monguillot : la tenue d'une comptabilité réduite à sa plus simple expression ; on en est venu à faire, aux chefs-lieux de provinces, des cours spéciaux, à l'effet de préparer des secrétaires de Mairie. Et vous voulez ajouter, à cet embryon encore vivace d'administration écrite, une Banque avec ses services particulièrement délicats ? Rêve, vous dis-je, et rêve dangereux !

Car, vous n'en doutez pas, les notables, avec leur vieille mentalité, n'auront pas plutôt des fonds à leur disposition, qu'ils en trafiqueront à leur profit : leur éducation occidentale n'est pas suffisamment avancée pour leur faire comprendre qu'ils doivent prêter à six ou huit pour cent, quand la coutume acceptée de tous et faisant loi dans la cité, veut que le minimum d'intérêts soit de trente six pour cent La différence ira ou restera dans leurs ceintures.

Mais à quoi bon s'appesantir sur l'évidence même ? Estimons-nous plutôt heureux que la réforme hâtivement ordonnée ne se réalise pas, ne puisse pas se réaliser dans des conditions aussi scabreuses.

Nous avons dit qu'en plus de l'arrêté de principe, M. Varenne en avait pris un second spécifiant que, jusqu'à nouvel ordre le Budget ferait les frais du service du Crédit *agricole* créé de toutes pièces et relavant, Dieu seul sait pourquoi, de la Direction générale de l'agriculture. On recrutera sur place, on empruntera du personnel spécialisé aux services de la Métropole, on allouera quelques belles indemnités aux favoris iusuffisamment pourvus.

Vous pouvez m'en croire sur parole ; cette partie du programme sera prestement exécutée ; que dis-je ? Elle l'est déjà ; elle l'était, virtuellement, avant la signature des fameux textes ; car en ce pays, il est de règle de créer des fonctions pour les candidats fonctionnaires. Tout ce que nos Budgets retirent donc de l'innovation, c'est un surcroit de dépenses, avant qu'une sapèque ait été mise à la disposition des travailleurs annamites ; ils en auraient pourtant besoin, après les inondations dévastatrices, plus que d'augmentations d'impôts !

Eût-il été possible, dans la situation présente et avec les moyens dont on dispose, de faire immédiatement quelque chose d'utile ? Mais oui ! Il suffisait de le vouloir ! On n'avait pas attendu M. Varenne, pas plus que les marchands de *cacahouettes* de l'Afrique Occidentale, pour étudier à fond un problème qui, de tout temps, a passionné nos administrateurs ; des projets étaient prêts ; on avait l'embarras du choix ; on les avait tous dédaignés ; ils portaient un signe répulsif (pour les gouvernants du jour), le signe de la compétence !

Aussi je ne risque rien à émettre, à mon tour, une modeste idée. Elle a pour elle un mérite : elle tend non à créér sur le papier, à l'usage du battage politique, mais à faire fonctionner rééllement, à l'intention des cultivateurs annamites, un organisme de crédit simple et non dispendieux. Des fonctionnaires, mon projet n'en demande pas ; des indemnités non plus ! Au contraire il libère, il rend disponible pour leur service normal un lot de douaniers de tous grades, aujourd'hui marchands de sel ou d'opium.

Voici donc comment j'opèrerais si j'étais Résident Supérieur, — car je vise spécialement le Tonkin, que je connais mieux. J'élargirais les attributions déterminées par contrats, des actuels débitants régionaux d'alcool ; je les chargerais, toujours à la commission, de vendre le sel et l'opium officiels, comme de gérer, — le tout sous le contrôle des Résidents, — la Banque agricole provinciale,

Ces débitants ont des installations, non seulement au chef

lieu, mais encore dans tous les centres ruraux de quelque importance ; ils ont fait les frais de magasins, de bureaux ; ils entretiennent un personnel sérieux, stimulé par l'intérêt commercial.

Pourquoi tant d'efforts administratifs fragmentaires, qui font une consommation effroyable de fonctionnaires ? Pourquoi une nouvelle direction provinciale (le Receveur des Douanes) pourquoi de nouveaux immeubles, de nouveaux employés, pour ces régies de sel et d'opium, quand les vendeurs d'alcool pourraient cumuler ? Et pourquoi y ajouter encore, demain, direction, immeubles et personnel nouveaux pour la Banque ? C'est insensé ! Une maison de commerce aurait vite fait de grouper ces divers articles, à seule fin d'économiser les frais généraux.
Mais la contrebande ? J'attendais l'objection ; d'abord choisissez donc avec soin vos débitants et sous-débitants ; rien ne vous empêchera de les assermenter, pour tout ce qui concerne les régies. Et vos douaniers iront faire leur métier à la frontière ; c'est, en effet, si je ne m'abuse, sur les frontières terrestres ou maritimes, que doit s'établir, s'il veut être maître de la fraude, un puissant cordon de surveillance ; mais à l'intérieur, cela sent les octrois, les likins, toutes vieilleries plus ou moins chinoises. Modernisons nos méthodes de travail que diable !

Je n'ai pourtant, vous l'avouerai-je ? aucun espoir de voir agréer ma proposition ; elle ne comporte aucun titre de Directeur à distribuer, aucun supplément, aucune sinécure. E le procède d'une méthode commerciale (horreur !) d'organisation économique du labeur administratif. Par surcroit, elle enverrait (abomination !) dans la brousse malsaine de la Haute Région ou sur les plages brûlées de soleil, trop de jeunes gens, élégance et gloire de nos dancings publics ou privés, qu'on ne peut décemment pas exiler trop loin de Hanoi ! En vérité, je vous le dis, la moindre réforme, en Indochine, est lourde de conséquences ! Varenne seul a la simplicité, réelle ou feinte, de prétendre en réaliser douze (chiffre exact) en un communiqué de trieze lignes. Que le Saint-Esprit le lui pardonne !

LE GOUPIL DE MALPERTUIS.

Opinion libre du 14 Octobre 1926

La collusion est enfin prouvée entre les Communistes de Paris et le Parti Républicain progressite annamite fondé ici par M. Varenne

Nous le supposions, nous en avions même la conviction morale. Aujourd'hui; nous en avons la certitude matérielle, nous ne nous livrerons à aucun commentaire, mais citerons seulement des documents authentiques. Au public de juger sur pièces ; nous nous en rapportons à son intelligence et à sa bonne foi.

1er Document

Nous l'avons reçu en double exemplaire, sous pli fermé; et nous savons que les derniers courriers en ont fait, en Indochine, une ample distibution.

Nous ne pensions pas d'abord, le publier n'ayant cure de faire de la réclame, à la 3e Internationale. Mais la nécessité nous est vite apparue de renseigner, à tout prix, les partisans du travail dans l'ordre : il faut connaître les tractations intervenues entre le Parti français de M. Varenne et le Parti annamite correspondant qu'il a fondé en Annam.

A ceux qui nieraient l'action néfaste, en tout ceci, de notre Gouverneur Socialiste, nous dirons simplement : supposez que des manifestations aussi carrément révolutionnaires et antifrancaises se soient produites sous n'importe lequel de ses prédécesseurs ; seraient-elles restées impunies comme aujourd'hui ? Là est le critérium.

Mais reproduisons d'abord, fidèlement, le manifeste annamite.

Appel à la Société des Nations

Pour le droit du peuple annamite à disposer de lui-même

Les graves événements dont l'Indochine française fut dernièrement le théâtre, et dont l'écho troublant a retenti dans la métropole, n'avaient eu d'autre cause que l'oppression nationale et l'exploitation sociale dont souffre un peuple de 20 millions d'âmes, livré depuis un demi-siècle à la merci des colons et de l'administration.

Notre situation Politique

Nous n'avons pas la liberté de penser d'écrire, d'enseigner, de voyager et d'émigrer, de nous associer et de nous réunir. Une juridiction exceptionnelle est réservée aux autochtones. Ils ne peuvent exercer un contrôle effectif sur le budget de leur pays. La plupart de nos écoles ont été détruites, très peu en ont été remplacées. Enfin, le préjugé de race nous écrase.

Lors de l'arrivée de M. Varenne à Saigon, le 27 novembre 1925, 700 Annamites représentant toutes les classes sociales et pleins de confiance dans la politique de « collaboration» proclamée par leur nouveau gouverneur, ont présenté à M. Varenne un cahier des vœux annamites; malheureusement M Varenne n'a pas donné satisfaction aux représentants de notre pays.

Notre situation Sociale

Nous sommes assujettis aux capitations, aux corvées, à la gabelle. Aucune loi ne protège nos ouvriers et c'est un fait courant que des enfants des deux sexes, âgés de moins de 12 ans, sont employés dans les manufactures de caoutchouc et dans les mines de charbon.

L'administration force nos plus humbles villages à acheter en gros l'opium et l'alcool.

Le budget de l'Indochine étant consacré pour les 7/8 à l'entretien des fonctionnaires, les travaux publics de première utilité sont n'gligés. Ainsi le transindochinois n'est même pas achevé. Ainsi nos digues n'ont jamais fait l'objet d'une préoccupation de l'Etat à tel point que, chaque année, la population rurale du Tonkin voit sa récolte, ses maisons, son bétail, ravagés par l'inondation.

Telle est, *grosso modo*, la situation actuelle de notre peuple.

Comparaison avec nos voisins et notre passé national

Tout autre est celle de nos voisins, restés indépendants. Le Siam, par exemple, possède un gouvernement stable, un réseau ferré qui s'étend tout le long de son territoire. Et pourtant les Siamois n'étaient pas plus avancés que les Annamites, il y a cinquante ans.

Songez, d'autre part, à ce qu'était l'Annam avant la conquête française. C'était un pays indépendant qui savait se faire respecter de ses voisins, tout en méprisant la guerre et le service militaire, tout en se bornant, pour assurrer sa « défense nationale » à l'emploi de la milice. C'était une démocratie qui, sous l'apparence d'une monarchie, absolue, jouissait de l'autonomie des communes, de la liberté et de la gratuité à tous les degrés, de l'enseignement, et qui avait banni de son sein la féodalité et le clergé. C'était une nation constituée sur l'unité de langue, de religion, de race, de mœurs. Enfin, de l'aveu même des personnalités françaises, les Annamites possédaient, depuis des temps immémoriaux une haute civilisatoin morale,

Où en sommes-nous aujourd'hui, avec la tutelle française ? Vous l'avez vu. Où en serions-nous, sans elle ? Vous le devinez. En tous cas, nous vous affirmons que la situation actuelle de notre peuple est grosse de conséquences désastreuses.

Vers la guerre du Pacifique ?
Vers la guerre de l'Indochine ?

Etant donnée la tournure déjà si grave que prirent les derniers événements de l'Indochine, il n'est pas chimérique de prévoir, dans un avenir prochain, un soulèvement général des indigènes. C'est vous dire, dans cette hypothèse, que la France qui a déjà sur les bras deux guerres coloniales et la crise financière, qui ne possède qu'une flotte de second ordre, serait obligée d'entreprendre une troisième guerre ; par surcroit.

Et qui sait même si la guerre en Indochine ne sera pas l'étincelle qui déclenchera la conflagration du Pacifique et livrera l'univers à un cataclysme sans précédent ?

Nos Revendications

Au nom de l'amitié véritable entre le peuple français et le peuple annamite, au nom de leur intérêt bien entendu, à tous les deux, au nom de la paix de l'Extrême-Orient et du monde, au nom du principe sacré du droit des peuples à disposer d'eux-mêmes que les puissances alliées, dont la France, ont proclamé au lendemain de la grande guerre, nous revendiquons devant la Société des Nations, *l'Indépendance totale et immédiate du peuple annamite*, sous réserve que notre pays, redevenu libre :

1· S'engage à payer. - en espèces ou en nature, en un nombre d'annuités à débattre, une partie à déterminer - des dettes de guerre que la Francea a contractées envers l'Amérique et l'Angleterre ;

2· Conclut un traité d'alliance politique et commerciale avec la France ;

3· Elabore une constitution politique et sociale, inspirée des principes de la souveraienté du peuple, du respect des minorités ethniques, du respect du travait, et servant de base à l'instauration d'une République fédérative indochinoise ;

4· Crée une armée nationale, basée sur notre ancien système de la milice, et chargée ds maintenir l'ordre à i'intérieur et la sécurité à l'extérieur ;

5· Envoie une délégation à la Société des Nations au même titre que le Siam et la Chine.

Paris, le 30 Août 1926

Le « Viêt-Nam-Hôn »

ou l'âme annamite
Tribune libre des étudiants
et des travailleurs annamites
Fondateur : Nguyên-ai-Quôc
Administration :
7, *rue Galleron, Paris* (20e)

Hanoï, le 25 Juillet 1926

Le « Phuc-Viet »

ou Parti annamite de l'indépendance nationale
Membres d'honneur :
Phan-boi-Chau et Phan-chu-Trinh
anciens condamnés à mort
Membre délégué à Paris :
Nguyên-van-Ngoc
22, *rue Sommerard.*

Vous savez à présent ce que fait, en Aannam, le chef désigné par M. Varenne, du Parti républicain progressiste.

En vain objecterait-on que Phan-boi-Chau est un simple particulier, libre, à ce titre, de se livrer, sous sa responsabilité, à telles manifestations qui lui plaisent. D'abord, ce n'est pas exact: le condamné de la Cour Criminelle a été grâcié, mais reste condamné; seule lui a été évitée l'exécution de la peine. Dans cette situation, il est sous la haute surveillance de la Police.

Il *est*... non ! Il *serait*, si Varenne n'en avait décidé autrement; mais en l'intronisant chef de Parti et en l'investissant ostensiblement de sa confiance, il en a fait le Directeur de conscience des Jeune-Annam, l'organisateur de la Révolution Nationale.

Par documents encore, nous prouverons l'authenticité de ce rôle et son importance capitale.

2e document

Extrait du Thuc-Nghiep n° du 14 septembre 1926

Le 9 Septembre, à 5 heures de l'après-midi, les membres des Représentants du Peuple (à l'exception de cinq) rendirent visite à M. Phan-boi-Chau. L'un des délégués s'adressa à lui en ces termes: « Il nous est dévolu l'insigne honneur d'être élus représentants de la population et nous sommes pénétrés de la lourdeur de la tâche qui nous incombe, aussi venons-nous vous présenter nos saluts dans l'espoir que vous nous guiderez de vos excellents conseils. » M. Phan-boi-Chau leur répondit à peu près en ces termes: « En tant qu'homme privé, je décline l'honneur de la visite des délégués de la chambre, mais étant donné que je suis un des habitants qui forment la population annamite il m'est agréable de recevoir en vous les mandataires du peuple en vous réservant un accueil chaleureux. Il est certain, messieurs que de par le rôle que vous êtes appelés à jouer, vous n'avez que déjà trop en vue les mesures à prendre qui sont de nature à relever les moyens de l'existence du peuple; dans ces conditions, mes paroles vous sont-elles de quelque intérêt pour que je vous parle. Je me borne à vous faire part de mes modestes vues sur lesquelles j'ose attirer votre attention: De fait les mots

« droits du peuple » étaient inconnus de notre pays. En dotant l'Annam d'une Chambre de représentation du peuple, le Gouvernement montre son désir d'étendre des droits aux Annamites dans la gestion des affaires du pays Redoublez donc vos efforts et tâchez de faire en sorte que le Gouvernement ne soit pas déçu dans sa sollicitude dont il vient de faire preuve en tenant un compte exact de nos vœux et aspirations. Inutile de vous dire la gravité de la tâche qui vous attend, puisque vous êtes placé en qualité d'intermédiaires entre le Gouvernement et le peuple. Vous ressemblez à une troupe de soldats sans renfort qui rencontre une armée ennemie importante. Malgré les pires difficultés contre lesquelles vous vous débattez, je vous prie, d'un côté de rester unis pour travailler à l'intérêt supérieur de la Patrie, de l'autre dans l'harmonie de la paix et l'union, notre pays s'identifie en ce moment avec l'image d'une barque voguant en pleine mer sur un gouffre sans fond, il dépend de vous de travailler de concert pour venir à bout de tous les revers. Messieurs, vous êtes investis d'un poste aussi périlleux que celui de ces guerriers pendant la bataille. Avant de souhaiter la victoire finale, ne vous laissez pas battre d'abord. Telles sont quelques unes de mes pensées sur lesquelles j'ose porter votre attention tout en vous remerciant de la visite que vous faites en mon domicile. »

Ainsi Parla Phan-bôi-Châu, préposé par Varenne à l'évolution politique de l'Annam et donnant, à ce titre l'investiture patriotique et révolutionnaire aux représentants du Peuple.

A peine a-t-il masqué d'un ésotérisme transparent, simple cachet de poésie, ses appels à la préparation guerrière : lutte sur terre, lutte sur mer, tout est froidement envisagé.

S'il prend la précaution de ne pas heurter de front le conquérant français, nul ne s'y trompera : le manifeste de Paris, l'appel à la Société des Nations, n'est-il-pas là, signé, lui aussi, de Phan-boi-Châu, et confirmant plus explicitement la Consigne ? Or je suis sûr que les traductions, semées à profusion dans le pays, sont, pour le moins, aussi violentes que le texte français.

Telle est la propagande révolutionnaire et anti-française que le Socialiste Varenne a déchainée sur ce Pays et favorisée par tous les moyens, notamment par des subventions grevant nos budgets.

Que le Parti (avec majuscule) lui en sache gré, parfait ! Mais la Patrie, la nôtre, celle que symbolise encore le drapeau tricolore, se laissera-t-elle plus longtemps poignarder dans le dos ?

I. R.

Un peu d'exégèse

Le discours de Phan-boi-Chau aux représentants du Peuple

Ce discours demande à être lu attentivement, avec le même soin que mit l'auteur à le composer ; écrit en langue savante, mandarine, poétique, appelez-la comme vous voudrez, bref en cette langue précieusement imagée qui faisait les délices des lettrés Tonkinois, lors du procès public de Phan-boi-Chau, il est susceptible, du moins en bien des passages, d'une double interprétation : littéralement, telles phrases vous ont une allure innocente, au point que certains de nos amis nous disent : « Mais que voyez-vous donc là de si alarmant ? » Ce que j'y vois, et ce qu'y ont vu tous les Représentants du Peuple à genoux devant le prestige du vieux révolutionnaire, ce sont des allusions à peine voilées à la nécessité de la lutte pour l'indépendance, à sa préparation, aux appuis intérieurs et extérieurs dont elle est assurée.

Et ainsi, sous une autre forme, conseillée par la prudence, Phan-boi-Chau réédite à Hué les points essentiels du manifeste publié simultanément, à Paris et à Hanoi, sons le titre d'Appel à la Société des Nations. Il les réédite à l'intention des élus annamites venus spontanément lui demander le mot d'ordre politique. Si le Gouvernement de M. Varenne n'avait pas vu d'un bon œil ce nationalisme républicain suscité, en Annam, contre l'autorité royale, s'il n'avait pas positivement intrônisé, comme chef de parti, le condammé de la Cour criminelle, la seule démarche de la Chambre annamite aurait suffi à la faire dissoudre. Mais la *pièce* avait reçu le visa officiel, pour autorisation ; on pouvait la jouer sans risques. Elle conserve donc toute sa portée, et il est de notre devoir de la souligner.

Prisez d'abord ce modeste début : « En tant qu'homme privé, je décline l'honneur de la visite des délégués de la Chambre, mais étant donné que je suis un des habitants qui forment la population annamite, il m'est agréable de recevoir en vous les mandataires du Peuple, en vous réservant un accueil chaleureux. » C'est peu net, vous ne saisissez pas l'opposition ? Et en effet, une traduction, fût-elle excellente, parait toujours gênée ; or la pensée de Phan-boi-Chau était claire, je vous le jure, et énergiquement exprimée : « Si vous venez par politesse ou déférence, f... moi la paix ! Mais si vous êtes effectivement des représentants du Peuple, si vous sentez toute la force, toute la puissance de ce mandat ; si vous voulez, par tous les moyens, en exiger, le plein exercice, à la bonne heure ! Placez-vous sous ma bannière ! Je suis votre chef enthousiate ! »

Il ne leur cache pas, d'ailleurs, qu'il leur faudra du du cran : « Inutile de vous dire la gravité de la tâche qui vous attend... Vous ressemblez à une troupe de soldats sans renfort qui rencontre une armée ennemie importante » Et tout de suite après cette image impressionnante, il passe à un autre ordre d'idées (la néces ité de l'union), sans compléter, sans expliquer en rien sa comparaison guerrière.

Mais qu'avait-elle besoin de glose ? L'armée ennemie, voilà plus d'un quart de siècle que Phan-boi-Chau la dénonce et la combat ; c'est l'armée du conquérant, du Maître, c'est la France. Mais comme la même France qui, hier, condamnait à mort le rebelle, est représentée aujourd'hui, en Indochine, par un Gouverneur Général acquis à la Révolution et protecteur des Révolutionnaires, Phan-boi-Chau fait mine de distinguer Varenne de la masse des coloniaux à la trique. Et pourtant, au grand soir des *Vêpres annamites*, j'ai la conviction que son auguste tête serait des premières à grimacer au haut d'un bambou.

Mais cela n'a qu'une importance relative !

Pauvres réprésentants de Peuple ! Pauvre armée *sans renforts* ! Ne vous laissez donc pas effrayer par les menaces, ni même par les sanctions ! Préparez ces renforts ! Envoyez les meilleurs de vos jeunes gens à Canton. à l'Ecole militaire de Borodine, quand vous aurez assez de chefs rouges, vous ne manquerez pas de soldats. *Chau* ne prêche-t-il pas d'exemple ? Est-ce que sa famille n'a pas déjà fourni nombre d'élèves — officiers ? Est-ce qu'il ne s'est pas occupé lui-même de leur faire passer la frontière, avec ou sans passeport ? Et de quelles sanctions fut-il l'objet ? Personne ne l'a l'a inquiété : Varenne régnant, Phan-boi-Chau est au-dessus de la loi. Suivez-le donc sans hésitation ni pusillanimité ; travaillez à la concentration des nécessaires renforts !

Et n'oubliez pas la guerre, la Sainte guerre sociale ! « Messieurs déclare solennellement le chef du Parti républicain, vous êtes investis d'un poste aussi périlleux que celui de *ces* guerriers pendant la bataille ! » Il a parlé précédemment de « barque voguant en pleine mer sur un gouffre sans fond. » C'est évidemment la barque indochinoise, dont les Représentants du Peuple ont la responsabilité, elle est sur un gouffre, il n'est question, par ailleurs. que de périls, de guerre, d'armée ennemie, de renforts. Que vous faut-il donc de plus, pour convenir que cet homme, *révolutionnaire professionnel*, prêche la révolution sanglante?

Situation d'autant plus dangereuse qu'il semble avoir déjà tout l'Annam sous son autorité, la presque unanimité des élus venant prendre ses ordres.

Or ce n'est pas son prestige personnel, hier nul, qui l'a hissé à ce haut poste. C'est Varenne qui a fait un chef de Phan-boi-Chau, pour complaire à ses amis de la 3e Internationale.

C'est Varenne qui a facilité sa propagande nationaliste et républicaine, anti-française et anti-dynastique.

C'est Varenne qui l'entretient et qui fait, sur les budgets indochinois, les frais de son action politique, dont la plus active manifestation est l'envoi de jeunes annamites a l'école bolchévique des Russes, à Canton.

Il est temps que la Métropole mette un terme à d'aussi funestes bévues ; sinon, qu'elle convienne de suite de son intention d'évacuer l'Indochine.

Retraite volontaire ou lutte sanglante : Varenne est en train de nous acculer à une de ces deux issues. Que ceux à qui elles agréent le suivent d'enthousiasme et applaudissent aux manifestations de son agent préféré Phan-boi-Chau ; personnellement, et je ne suis pas seul, j'avais rêvé pour ce Pays des destinées plus sereines, pour ses deux races, blanche et jaune, des chefs plus dignes !

G. H.

Opinion libre du 19 Octobre 1926

Les parlementaires et les fonctionnaires

Dans l'article reproduit hier à cette place, le *Temps* un des plus importants quotidiens de la Métropole, émet l'avis que les parlementaires ne réussissent pas toujours dans les postes élevés d'ambassadeurs ou de gouverneurs généraux. Il prend prétexte, en particulier, de la situation créée depuis un an, en Indochine pour conclure à la nécessité de mettre un terme à la mission de M. Varenne.

Pour qui connait les relations du *Temps* avec M. Poincaré, ce son de cloche est significatif; que le Ministère actuel dure, et nous aurons probablement un nouveau chef, d'ici fort peu de temps. Autre indice; M. Sarraut, dont l'opinion doit compter, dans le Conseil de Gouvernement, en ce qui touche à ce pays, discourait, ces jours derniers, à Bordeaux, au cours d'une réception organisée par les Indochinois; il a eu des fleurs pour le Ministre Léon Perrier; il en a eues pour le Recteur de l'Université; il a évoqué mélancoliquement le souvenir des jours heureux vécus sur les bords du Fleuve Rouges; de Varenne et de ses mérites, si nous en croyons l'A. R. I. P pas la moindre mention. Cela aussi sent la disgrâce.

Mais, au fait, je me laisse entraîner à des considérations (pourquoi le cacher?) particulièrement agréables, quand mon but était de discuter les opinions du *Temps*.

Si je ne m'abuse, ce journal, avait été de ceux qui faisaient confiance à M. Varenne, et ne voyaient pas sa nomination d'un mauvais œil. Il a changé d'avis : habituellement bien informé, il a dû savoir à quel jeu, pour la cause de la domination Française, se livrait ici notre Gouverneur, dans le but de donner des gages à un Parti dont il se réclame toujours, bien que régulièrement exclu, Parti qui par sa doctrine, est opposé à la colonisation.

Quoi qu'il en soit «*l'Indochine Républicaine*» ne suit pas, en principe, son grand confrère métropolitain, dans le changement de front qu'il dessine, dans la conversion qu'il esquisse. A nous aussi M. Varenne a procuré de fortes désillusions; et présents sur les lieux, témoins directs nous ne nous sommes pas fait faute de les relever au jour le jour; de les résumer, en bilan, à la fin du règne. C'est ce que d'aucuns appellent frapper lâchement les absents ; comme si nos critiques n'avaient pas tout bonnement suivi les actes publics, dans leur ordre, et comment opérer différemment ?

Pour en revenir au rôle des parlementaires en mission, nous n'avons pas un iota à enlever ou à ajouter à ce que nous écrivions, à ce sujet, il y a un an ; l'Indochine, successivement gouvernée par des Paul-Bert, des Lanessan, des Doumer, des Sarraut, des Long, à qui elle doit une large part de sa prospérité, serait mal venue à taxer les Parlementaires d'incompétence et à réclamer exclusivement des Gouverneurs Généraux de la Carrière ; la Carrière en a fourni d'excellents, le Parlement aussi.

Mais il est une condition sine qua non de succès pour un élu, surtout quand son passé ne l'a pas préparé aux fonctions administratives ; il lui faut savoir tenir ferme le gouvernail, et laisser aux techniciens les détails techniques de la manœuvre. A cet effet, M. Varenne avait été doublé d'un Secrétaire Général aux attributions administratives largement délimitées ;or par parti-pris politique, un peu aussi par jalousie de son autorité (il n'est pire despote qu'un anarchiste hissé au pouvoir !)il ne sut ou ne voulut pas plus utiliser l'incontestable compétence de M. Monguillot, que l'expérience précieuse de tels et tels autres collaborateurs immédiats.Il se confina dans le petit cercle des adulateurs emmenés de France, pour qui tout colonial de carrière est un forban ou une brute.

Quand il s'aperçut de son erreur, et de la mauvaise besogne des ses coreligionnaires, il était trop tard pour réagir ; trop tard et trop pénible pour son entêtement personnel, nuancé de vanité. M. Sarraut, lui aussi, était arrivé avec force préjugés ; il eut par surcroît, la malchance initiale d'être pourvu d'un Secrétaire Général africain, antipathique aux Indochinois. Mais en dépit de l'action dissolvante de Malan, la vivacité d'esprit du maître, son coup d'œil sûr eurent tôt fait de redresser les erreurs ; il sut placer sa confiance, — et il ne s'en repentit pas, — dans ceux qui, connaissant le Pays, le lui firent connaître : Baudoin, Pasquier, Monguillot l'aidèrent à faire ici, œuvre des plus utiles ; et en des temps difficiles ; en pleine guerre.

De l'insuccès de M. Varenne, ne concluons donc pas à l'infériorité des Parlementaires ; constatons simplement que l'un de ceux-ci, nullement fait pour une tâche administrative aussi complexe que le gouvernement de l'Indochine, resta ce qu'il était : le journaliste, le propagandiste, surtout l'homme de parti.

Il a cru n'avoir ici, comme à la présidence de la chambre, qu'à donner d'opportuns coups de sonnette ; tout au plus qu'à se répandre adroitement dans les divers milieux — j'allais dire dans les couloirs, – la main tendue, le sourire aux lèvres. Le reste devait marcher... tout seul.

Et sans doute en eut-il été ainsi, s'il avait suivi les sages directives reçues du Département ; s'il avait su trôner à son poste, donner la direction, et laisser à de plus experts le soin de régler la marche.

Son erreur capitale fut de ne pas entendre ainsi son rôle. Mais de ce qu'il l'a mal compris, encore plus mal exécuté, il ne s'ensuit pas qu'il faille condamner en bloc les parlementaires. Le passé, notre passé à nous, a démontré qu'il en est de mieux doués, de plus avisés, capables de bien conduire ce que M. Long appelait son usine.

A. R.

Editorial du 20 Octobre 1926

La Barrière

Alexandre Varenne, Gouverneur Général de l'Indochine, dans son discours au Conseil de Gouvernement du 20 septembre dernier, à Saigon, « persiste à croire » qu'il a abattu une barrière qui se dressait devant les indigènes pour les empêcher d'accéder aux emplois de gestion dans les cadres français de l'administration de l'Indochine. Ce faisant, Monsieur Varenne dit qu'il *croit* avoir accompli à la fois une « œuvre de justice » et un acte de « bonne et saine administration ».

Puisque la confiance de Monsieur Varenne dans les résultats de son arrêté n'est qu'une *croyance* (persistante il est vrai), il me sera bien permis de lui opposer *ma croyance*. Nous ne sommes plus au temps où deux *croyances* ne pouvaient s'affronter sans violence ; et d'ailleurs, si violence il y a, ce n'est pas de moi qu'elle pourra venir.

Donc, *je crois* que la justice n'a rien à voir dans cette affaire. La justice n'est pas lésée parce qu'il existe à côté des cadres français d'administration indochinoise des cadres annamites de la même administration, et parce qu'il a été conventionnellement admis que le statut des uns et des autres serait respecté.

Je crois, au contraire, qu'il est injuste de modifier une convention, un statut de fonctionnaires, sans consulter les intéressés, qui sont eux aussi des hommes libres, qui louent *leurs services* et non *leurs personnes* ; pas plus d'ailleurs qu'il n'est juste de modifier le statut commercial, agricole ou industriel d'un pays sans consulter les agriculteurs, les commerçants ou les industriels.

Que si les Annamites ont le désir légitime de voir s'ouvrir devant eux des carrières administratives plus rémunératrices, aboutissant en plus grand nombre à des situations élévées et honorables, ils ont le moyen d'y parvenir par les voies légales de leurs sociétés amicales et de leurs assemblées élues, dont ils devraient apprendre à se servir, en se formant le caractère à l'exercice de la vie publique. Ils verront tout de suite de quel côté sont leurs *vrais amis* qui ne les suivront jamais sur le terrain révolutionnaire, mais qui sauront faire triompher par les *voies légales* leurs justes revendications.

Je crois enfin, pour en revenir a l'arrêté de M. Varenne, qu'il ne constitue pas « un acte de bonne et saine administration ».

« Dans dix ans les effets en apparaitront en pleine valeur » a-t-il dit plus loin. Il est permis de se demander si, à ce moment-là, contrairement aux espérances de M. Varenne, la fameuse barrière qui aujourd'hui ne sépare que des intérêts corporatifs et collectifs ne se sera pas fragmentée en une infinité de petites barricades qui sépareront de multiples intérêts individuels. Les rivalités qui en résulteront entre Français et Annamites ne seront pas faites pour affermir la paix publique dont les progrès se faisaient sentir de jour en jour plus bienfaisante jusqu'avant l'arrivée de M. Varenne dans ce pays.

Dans nos vieilles colonies, il est une expression pittoresque qui met admirablement en lumière le vieux préjugé de race. On dit d'un blanc qui a épousé une femme de couleur « il a sauté barrière ». Rien ne dit mieux la volonté tenace des vieilles familles françaises de conserver la pureté de leur sang et de refuser de le mêler avec celui des descendants des esclaves de leurs pères. Aujourd'hui ces arrières petits-fils d'esclaves sont des citoyens français, ils sont le nombre, ils détiennent le pouvoir politique et les plus hautes fonctions publiques, commerciales et industrielles. Malgré les calomnies dont on n'a cessé de les accabler, nombreux sont ceux d'entre eux qui se sont affirmés et qui s'affirment encore aujourd'hui comme des esprits de grande culture et de haute valeur morale. Et cependant, malgré cela, malgré la révolution de 1848, *la barrière* n'est pas tombée. Tous ceux qui ont vécu là-bas s'en sont aperçu. Et pourtant, il fallait bien essayer de l'abattre, cette barrière, dans un pays où nous n'avions en face de nous que des descendants d'esclaves importés. Nous en avons fait des hommes libres, des citoyens, des frères en humanité. C'est un titre de gloire impérissable que nous devons aux *seuls Républicains*, l'oublions jamais.

Mais ici, dans ce pays, où nous avons à nos côtés un peuple qui a la fierté de compter plus de deux mille ans d'histoire et de culture, de quelle barrière venez-vous nous parler à propos de quelques mécontents qui se plaignent de ne pouvoir accéder à quelques emplois administratifs ? N'avons-nous pas convenu de marcher la main dans la main, et de nous aider mutuellement ? On répête à l'envie, et Monsieur Varenne a dit que « l'Indochine ne peut plus se passer de la France », mais, est-ce que les Français qui sont en Indochine pourraient se passer des Annamites. Est-ce que nous avons attendu l'arrivée de Monsieur Varenne pour faire avec ceux-ci un pacte d'amitié que nulle *b arrière* ne sépare ?

Mais tel est le cœur humain qu'il est toujours entier à la sensation du moment, et qu'il ne juge point des choses par leur nature, mais par l'élan de sa passion. L'organisation de l'être sensible est telle que les mobiles qui le portent au bonheur sont essentiellement plus forts que ceux qui l'en repoussent.

Depuis leur pacte, les deux peuples n'ont-ils fait ici aucun pas vers un sort meilleur ? Ne s'est-il pas établi déjà des communautés d'opinion ; les esprits ne se sont-ils pas rapprochés, les cœurs ne se sont-ils pas entendus ? Dans bien des domaines, il y a maintenant accord de pensée, unité d'action. Ne s'est-il pas formé une masse progressive d'instruction, une atmosphère croissante de lumière qui désormais assure solidement l'amélioration ? Et cette amélioration devient un effet nécessaire des lois de la nature, car l'homme tend invinciblement à se rendre heureux.

Son obstacle est son ignorance, qui l'égare dans les moyens, qui le trompe sur les effets et les causes, mais à force d'expérience, il s'éclairera, à force d'erreurs, il se redressera ; *il deviendra sage et bon parce qu'il est dans son intérêt de l'être.*

Dans cette nation nouvelle en gestation, qui sera un jour la nation indochinoise si nous ne pouvons pas prévoir quelle sera la part du génie de la France, nous pouvons du moins espérer que, par la diffusion de l'instruction et l'interpénétration des idées, de nouvelles couches sociales surgiront, qui seront instruites de leurs droits et de leurs devoirs.

Les hommes connaîtront mieux quels sont les principes du bonheur individuel et de la prospérité publique.

Ils sauront quels doivent être leurs rapports dans l'ordre social, ils apprendront à se garantir des illusions de la cupidité ; ils concevront que la *morale* est une *science physique*. composée d'éléments compliqués dans leur jeu, mais simples et invariables dans leur nature, parcequ'ils sont les éléments même de l'organisation de l'homme. Ils sentiront qu'ils doivent être *modérés et justes*, parceque là sont l'avantage et la sûreté de chacun ; que de vouloir jouir aux dépens d'autrui est un faux calcul d'ignorance, parce que de là résultent, des représailles, des haines, des vengeances, et que l'improbité est l'effet constant de la sottise. Les particuliers sentiront que le bonheur individuel est lié au bonheur de la société, les faibles que, loin de se diviser d'intérêts, ils doivent s'unir, parce que l'égalité fait leur force Il s'étab'ira ainsi, de peuple à peuple, un équilibre de forces qui les contiendra tous dans le respect de leurs droits réciproques, et fera tomber la *barrière* qui les sépare. La nation indochinoise deviendra une grande société, une même famille, gouvernée par un même esprit, par de communes lois et jouissant de toute la félicité dont la nature humaine est capable.

Un obstacle cependant qu'il faudra vaincre, et que nous vaincrons s'opposera au perfectionnement : Chacune des nations en présence a reçu, ou s'est fait des opinions religieuses opposées et une conception différente de la morale. Il faudra que sur ces deux points il y ait des explications claires. Chacun de son côté s'attribue exclusivement la vérité : or si, comme le prouve cette discordance, le plus grand nombre se trompe, et se trompe de bonne foi, il s'ensuit que nous devons d'abord constater que *notre esprit est aussi capable de se persuader du mensonge que de la vérité*, et je crois que nous pourrons nous mettre d'accord facilement des deux côtés sur cette constatation.

Comment dès lors éclairer notre esprit si le premier article de chaque croyance, le premier dogme, est la prescription absolue du doute, l'interdiction de l'examen, l'abnégation de son propre jugement ? L'homme se trouve ainsi livré sans défense au jeu de son ignorance et de ses passions, entre les mains de ceux qui le mènent.

Pour le délivrer de ses entraves, il faudra un heureux concours de circonstances aboutissant à préserver la nouvelle nation du délire de la superstition, et à la rendre inaccessible aux impulsions du fanatisme. Il faudra, qu'affranchi du joug de toute doctime, le peuple s'impose lui même celui d'une morale admise par tous et par la raison.

Nous avons la *ferme conviction*, et non pas seulement la *croyance*, que les hommes qui se sont groupés *ici* sous l'égide de *l'idée républicaine* y réussiront.

L. R.

Opinion libre du 21 Octobre 1926

Notre parti-pris

A un journal critiquant les pouvoirs publics, il est de bon ton d'objecter qu'il est de parti-pris, qu'il fait de l'opposition systématique.

On nous l'a dit et répété quand nous incriminions l'incompétence administrative de M Varenne, et l'orgueilleux entêtement qui l'avait poussé à mettre au rancart les techniciens capables de le seconder.

Or aujourd'hui, c'est le journal *France-Indochine*, défenseur habituel du Gouverneur Général, qui reprend exactement notre thèse : sous le titre « *Le nouveau régime des concessions* » et la signature *C. M.*, il écrit, dans son numéro du 21 courant, parlant de l'arrêté du 20 Septembre dernier.

« Par contre, sa rédaction n'est pas sans soulever de nombreuses critiques, et si l'idée dont est inspirée la règlementation nouvelle rallie à elle tous les suffrages, la forme de sa présentation, par contre, dénote une faiblesse d'esprit administratif et juridique qui est préjudiciable aux intérêts que l'arrêté prétend vouloir servir. »

Et après avoir reproduit l'article premier de l'arrêté en cause, notre confrère continue :

« Pour rendre effectivement applicable l'arrêté du Gouverneur général, il est donc néçessaire d'attendre la promulgation des arrêtés règlementaires locaux, pris dans la forme appropriée. Mais que seront ces arrêtés, et dans combien de temps seront-ils promulgués ? Là dessus les dispositions d'ordre général sont muettes, et rien n'indique le caractère impératif des prescriptions du Gouverneur général. Des « arrêtés règlementaires locaux pris dans la forme » donnent à penser qu'il y aura constitution de commissions, études, rapports et tout le processus habituel de cette formalité avant que puisse être signé l'arrêté du chef d'administration locale, lequel aura encore besoin, par dessus le marché de l'approbation du Gouverneur général. Combien de mois pareille machine exigera-t-elle pour se mettre en branle ? Combien de mois seront-ils nécessaires pour l'accomplissement de toutes ces formalités !

Et pendant ce temps-là, quel sera le sort de toutes les demandes de concessions actuellement en instance ? La rédaction de l'arrêté, dans sa forme ; imprécise et vague sur certains points, par son silence sur cette question ne laisse planer aucun doute quant à l'interpréton. Toutes dispositions transitoires ayant été complètement oubliées la règlementation antérieure a été abrogée purement et simplement, et il n'a été respecé que ce qui avait trait aux concessions provisoires déjà accordées ou aux traités en cours. Il s'ensuit donc que tout ce qui était en instance est remis en question afin d'être soumis aux conditions du nouveau rég me. Mais comme, depuis nombre de mois, toutes les demandes de concessions provisoires sont maintenues en suspens, sous prétexte qu'une nouvelle règlementation du régime des concessions était à l'étude, ou voit le grave préjudice porté à la cause de la colonisation par le peu de souci que le texte du nouvel arrêté a eu de certains droits acquis. Il y a pourtant des droits évidents : ceux des demandeurs de concessions que les lenteurs de la procédure administrative ont empêchés d'être déclarés concessionnaires provisoires, alors qu'ils n'attendaient que cette formalité pour enntreprendre le défrichement des terres qu'ils convoitaient.

La cause de la colonisation : mais c'est celle du développement économique du pays ! Des demandes concernant des dizaines de miliers d'hectares de terres vierges, bonnes a mettre en valeur, sont en suspens depuis plusieurs mois. Grâce aux lacunes du nouveau texte, elles resteront encore en suspens pendant de longs mois. Quand ces concessions seront accordées, entre le jour de la permière demande et celui de l'autorisation, il se sera écoulé suffisamment de temps pour permettre à un caféier ou à un hevéa de donner sa première récolte et ce sera tout ce temps qui aura été inutilement perdu.

De partout, on entend dire qu'il faut produire, qu'il faut que les colonies viennent au secours de la Métropole, qu'il faut qu'elles sauvent le franc. Admettra-t-on que l'indifférence ou le mauvais vouloir d'une bureaucratie irresponsable et anonyme, vienne entraver l'essor de l'Indochine, en décourageant les bonnes volontés qui s'offrent pour contribuer à la mise en valeur de la Colonie ? ou qu'un texte mal rédigé puisse retarder, tant soit peu, l'œuvre entreprise par ceux qui répondant à l'appel qui leur est fait, mettent leur fortune et leur énergie au service de la cause nationale ? Nous ne le pensons pas, et nous espérons que M. le Gouverneur général Pasquier saura, par des dispositions appropriées, remédier aux lacunes qu'on peut reprocher au texte de l'arrêté du 19 septembre dernier, en rendant celui-ci applicable effectivement dans les délais les plus brefs.

Nous n'avons pas dit autre chose, à *l'Indochine Républicaine*. Vous verrez que, petit à petit, pour les autres prétendues réformes de M. Varenne comme pour celle du régime des concessions, chacun finira par constater à quel point nous avions raison : c'est que les faits sont-là, contre lesquels ne peuvent rien, une fois la lumière faite, ni les discours les plus spéciaux, ni les plus fantaisistes communiqués à la Presse.

A. R.

Editorial du 23 Octobre 1926.

Une nouvelle mentalité annamite

Rien ne sert de rééditer le geste de l'autruche ; et on ne dissipe point le danger en le niant ou en le dénaturant.

Depuis un an-vous verrez tout à l'heure que les intéressés eux-mêmes ont marqué ce point de départ, — c'est-à-dire depuis que l'attitude de M. Varenne leur a fait concevoir les plus folles espérances, les Annamites affichent, à l'égard des Français, une haine tenace, masquée sous les dehors d'un nationalisme en lui-même fort respectable.

Et jusqu'à présent, on l'eut balle de se récrier : Bast ! Quel cas vous faites des excès d'une poignée d'énergumènes ! Il sont une ou deux douzaines, qui se seront jamais suivis par les masses indifférentes, encore moins par une bourgeoisie trop heurese de vivre en paix et de s'enrichir sous notre tutelle.

Halte-là ! C'étaient propos qu'on pouvait, à la rigueur, tenire de bonne foi, il y a quelques semaines ; mais aujourd'hui l'expérience est faite, et nette, et concluante : la liste de *Long* et *Bui-quang-Chieu*, de l'*Echo* et de *Tribune* vient d'être élue au grand complet, au Conseil Colonial, avec des milliers de voix contre quelques centaines.

Or considérez de quoi se compose le collège électoral cochinchinois récemment élargi, il comprend précisément tout ce qui compte, par l'instruction, ou le rang social, ou la fortune, dans la Cité annamite : fonctionnaires des catégories élevées, patentés de certaines classes, cultivateurs payant tant des impôts, titulaires de tels diplômes, voilà les électeurs. On ne peut nier qu'ils soient assez représentatifs des meilleurs éléments de la population.

Vous avez vu qu'ils ont voté en masse *Chieu* et *Long* ; sur quel programme ? En ce qui concerne les rapports franco-annamites, la collaboration, repoussée en plein conseil colonial, par le rejet de la motion Gallet (adresse à M. Varenne), collaboration dont le champion était le docteur *Le-Quang-Trinh,* Directeur du *Progrès*, battu à plate couture.

Mais si vous voulez être encore mieux fixés sur leurs sentiments, lisez l'*Echo Annamite*, organe de M. Long.

Quelques jours avant les élections, sous le titre « *L'esprit national chez les Annamites* », nous y relevons :

« Les derniers événements en ont été les plus frappants signes précurseurs. La présentation du *Cahier des vœux annamites* à notre nouveau Gouverneur général, la réception de M. Bui-quang-Chieu, les obsèques de Phan-chu-Trinh ont vu affluer vers Saigon, de tous les coins de la Cochinchine, nos compatriotes de la masse, d'ordinaire apathiques, peu empressés, sinon hostiles à ce genre de manifestations publiques si nouvelles pour eux. Personnellement, j'ai assisté à tous ces événements et il m'a été donné d'entendre dire à des Français, près desquels je m'étais placé, que « c'était renversant ». Et ces meetings, ces projets de partis politiques n'en disent-ils pas long sur notre réveil national ? »

Je n'invente rien, quand je dis que la nouvelle mentalité indigène date du messianisme provoqué par l'arrivée de M. Varenne ; ce sont les Annamites qui l'affirment hautement.

Poussons plus loin la lecture de leurs aveux, nous allons savoir comment ils entendent le nationalisme, comment ils le prêchent, comment, demain, ils le traduiront en actes.

« Les Annamites, ajoute l'Echo : les Annamites ont peur des Français, mais les détestent et les méprisent.

« Ils ont peur d'eux, non pas, parce que ceux-ci sont forts et musculeux, comme on est porté à le croire, mais parce qu'il détiennent le pouvoir dont ils ne manqueront pas, comme ils n'ont jamais manqué de le faire, d'abuser contre leurs éventuels antagonistes. Il serait superflu de dissimuler que les Annamites, même de la campagne en arrivent, à l'heure présente, à discuter les droits de la France sur leur pays. Rappelant dans leur conversation la réponse légendaire d'un pirate à son juge, ils déclarent ouvertement que la colonisation est tout simplement un grand acte de piraterie et que la France, en s'emparant par la force de l'Annam, a fait en grand ce que le pirate a fait en petit. De là à conclure que les coloniaux sont des pirates, il n'y a qu'un pas qu'ils ont allégrement franchi, bien fiers d'avoir enfin découvert le vrai fond de cette grande chose qu'est la conquête coloniale qu'on décore de diverses dénominations aussi pompeuses que trompeuses, telles que mission civilisatrice, œuvre de relèvement, d'élévation, d'émancipation, etc, en faveur des peuples arriérés.

« Cependant le régime actuel d'oppression, de répression, de terreur en un mot, à force d'accumuler des abus générateurs de haine, de haine contenue, muette, loin de maintenir indéfiniment les Annamites dans la crainte, les en fera, au contraire, sortir avant peu et influera fâcheusement sur l'orientation de l'esprit national de nos compatriotes et sur l'attitude que ceux-ci adopteront vis-à-vis des Français qu'ils regardent comme leurs oppresseurs.

« Il est à craindre qu'un temps ne vienne où Français et Annamites ne s'aborderont plus que les poings fermés et les menaces sur les lèvres »

La citation est un peu longue, et je m'en excuse ; mais il eût été difficile de résumer ; on ne m'aurait pas cru sur parole.

Je m'abstiendrai, d'ailleurs de tout commentaire. Un simple appel à la mémoire : reportons-nous à 1925 : on écrivait alors comme aujourd'hui, on discourait, on votait. Pouvez-vous me citer un cas, un seul (en dehors des appels à la révolte poussés prudemment de l'extérieur par des *Phan-boi-Chau* aujourd'hui grâciés et honorés) où le ton, l'attitude de l'Annamite vis-à-vis de la France et des Français fussent ce qu'ils sont aujourd'hui.

1925, c'était avant l'avènement de M. Varenne, octobre 1926, c'est après sa première année de règne.

Et nunc erudimini, dirait Dandolo qui est latiniste.

G. de M

Opinion libre du 24 octobre 1926

Où en sommes-nous ?

De nombreuses questions, et fort diverses, ont été simultanément soulevées, dans les semaines, dans les quelques jours même, qui précédèrent le départ pour France du Gouverneur Général titulaire ; il fallait présenter le bloc consistant d'une œuvre considérable, et dans ce but l'on entassa réforme sur réforme ; la plupart du temps sans souci d'une indispensable mise au point.

Un de nos confrères, non suspect d'hostilité à l'égard de M. Varenne était ainsi amené, tout récemment, à constater que le nouveau régime des concessions agricoles ne tient pas debout, et que l'intérêt du Pays comme celui des colons exige d'immédiates retouches.

Sur bien des terrains, on trouverait trace de cette improvisation fâcheuse ; le moins qu'on en puisse dire, c'est que le chef de la Colonie, d'un geste large, a semé des idées, laissant à d'autres le soin de les traduire en actes. La seconde partie de la besogne n'est peut-être pas plus aisée.

Ainsi, voyons où en est la réforme fondamentale, celle qui doit non seulement assurer l'équilibre du Budget général, mais encore procurer les ressources nécessaires à la mise en valeur du Pays.

Sur un point, tout le monde est d'accord ; c'est qu'il faut poursuivre, et rondement, l'outillage économique de l'Indochine, par des travaux au demeurant fort rémunérateurs. Sur les moyens d'atteindre ce but, les avis diffèrent : les uns préconisent l'emprunt, les autres l'imputation des dépenses aux ressources ordinaires. Théoriquement, les premiers ont raison, les débours en vue d'œuvres devant profiter aux générations futures s'échelonnent, en principe, sur de longues périodes ; il ne serait pas juste d'en faire supporter tout le poids par ceux qui n'en bénéficieront que peu ou pas du tout.

M. Varenne, juste milieu, a estimé opportun de conjuguer les deux méthodes : il compte, par la création de nouvelles taxes et le réajustement des anciennes, enfler le Budget Général d'une douzaine de millions de piastres : cent quatre vingts à deux cent millions de francs. Ce n'est pas une paille. Cela représente la totalité des recettes annuelles de mainte autre grande Colonie. Mais passons condamnation ! De cette plus-value, une part sera directement appliquée à l'exécution du programme, le reste à payer un emprunt.

Comptons principalement sur ce reste et sur cet emprunt ; car les dépenses courantes (enseignement, hygiène, assistance sociale) iront aussi grossissant, parallèlement aux recettes.

La réforme fiscale, comme les autres a été arrêtée sans études préalables. Admettons que les textes réglementaires soient prêts, et approuvés, quand il y a lieu ; par la Métropole, pour être applicables à partir du 1er janvier 1927 ; à l'expérience seulement, on sait ce que rendent les impôts. Nous voici donc renvoyés au règlement de l'exercice 1927, soit aux premiers mois de 1928.

Alors seulement, chiffres en mains, nous pourrons étaler notre gage (les plus values budgétaires) et faire appel à l'épargne.

Ceci n'est pas pour nous décourager ; car, avec les crédits normaux ajoutés aux deux millions de piastres que vient de produire l'emprunt de 40 millions, nous avons de quoi occuper, d'ici-là, nos techniciens et notre main-d'œuvre ; deux mesures de notre activité.

Je l'ai déjà dit, en effet ; qu'on arrête de larges programmes, à lointaine échéance ; que la Colonie, pour ne pas avoir à recommencer périodiquement les mêmes démarches, se fasse autoriser à emprunter la totalité des capitaux nécessaires ; mais les appels devront se faire par tranches, au fur et à mesure des besoins ; or ces besoins sont forcément limités par le personnel disponible.

Ici donc, nous pouvons attendre ; à condition, encore, de ne pas perdre de temps, et de ne pas se retrouver, en 1928, au même point qu'en 1926.

Editorial du 27 Octobre 1926

A. R.

Que veulent les Nationalistes Annamites ?

Et d'abord, qu'est exactement ce Nationalisme ? Au sens étymologique, on doit interpréter, je crois, sentiment qui lie entre eux les individus d'un même pays ; et alors, autant vaut s'en tenir à un mot plus clair, moins discutable, et qui n'a pas encore été pris péjorativement : patriotisme.

Patriote, l'Annamite a toujours prouvé qu'il l'était ; et par la cohésion de la race agrippée, contre vents et marées, à la terre une fois conquise ; et par la résistance victorieuse aux attaques du dehors : Cambodgiens, Siamois et même l'immense Empire du Milieu vinrent briser, à tour de rôle, leurs efforts au choc de cet ardent patriotisme.

La conquête, puis l'occupation française en sont-elles, mieux venues à bout ? Non ! Et elles n'ont, d'ailleurs, jamais visé cet objectif : le régime même du Protectorat, issu de traités de Peuple à Peuple, donc d'égal à égal, implique la conservation de la Nation protégée. Il est cependant incontestable que notre tutelle portait atteinte à l'intégrité de l'indépendance ; mais cette tutelle étant officiellement acceptée le bon patriote annamite en admettait, en quelque sorte l'utilité, dans l'intérêt de son propre Pays.

Cette thèse eut des opposants : d'abord certains prétendants ou chefs de bande, que nous avons réduits, ne l'oublions pas, avec l'aide de la grosse majorité indigène acquise à notre cause. Ensuite quelques révoltés du genre de *Phan-boi-Chau*, qui passés à l'Etranger, ne pouvaient nous combattre qu'en se dressant contre leur propre loi nationale ; et effectivement, au tableau de leurs exploits d'anarchistes, voisinent des officiers français et des mandarins d'Annam.

Vint enfin, dans le désordre moral de l'après-guerre, un tout moderne noyau de révoltés, en qui Edouard Schuré verrait peut-être aussi des précurseurs, il se composait, il se compose encore de jeunes gens, – d'aucuns boursiers de la Colonie — qui, étudiant à Paris, sont devenus, par snobisme et vanité, la proie facile du communisme, hostile à toute colonisation. Le catéchisme de ces illuminés, mélangés d'arrivistes, tient en deux phrases : à bas la domination française ! Droit du Peuple d'Annam à disposer de lui-même.

Quelque déconcertant que cela paraisse (pas plus que nous imposer des Gouverneurs ignorant tout de la colonie) ! c'est avec une escorte enthousiaste de ces réfractaires, et bourré des recommandations impérieuses de leurs protecteurs, que M. Varenne, il y a un an, débarquait à Saigon.

Mais lui-même était fortement prévenu (et il est têtu, et il est auvergnat !) contre les *coloniaux à la trique* dont il comptait, de gré ou de force, réformer les mœurs. A une réunion des employés de commerce indigène, — réunion tenue dans un local de la Mission catholique — il n'hésitait pas à demander ouvertement, publiquement aux Annamites de l'aider à gouverner contre l'élément français.

Depuis lors, il a mollement essayé de réagir contre l'impression produite ; chez nous, on aurait compris et excusé l'erreur d'un nouveau venu ; mais les Natifs, loin de croire à la sincérité de certaines de ses palinodies, le plaignent d'être obligé, lui l'homme au grand cœur, de faire d'apparentes concessions à l'esprit de brutalité et d'oppression tyrannique.

Bref, depuis un an, c'est-à-dire depuis l'arrivée de M. Varenne et, en grande partie, de son fait, la nouvelle école nationaliste a radicalement transformé le patriotisme du Peuple ; hier ce patriotisme s'accommodait du Protectorat et tendait uniquement au progrès matériel et moral sous notre égide tutélaire. Aujourd'hui, il est foncièrement xénophobe, ou, plus exactement, anti-français. Douze mois, non de simple tolérance, mais d'encouragements officiels ont suffi à obtenir ce beau résultat.

On l'a déjà dit, mais il faut le répéter à satiété, parce que c'est la triste vérité et qu'il y a lieu d'en tenir compte : ce serait nier le soleil en plein midi qu'imputer encore ces sentiments à une infime minorité ; derrière les meneurs les classes instruites ou possédantes ; derrière celles-ci les masses campagnardes ; tout le monde, aux dernières élections cochinchinoises, a clairement manifesté contre la collaboration franco-annamite.

En Annam, pendant ce temps, les élus du Peuple allaient chercher le mot d'ordre auprès de Phan-bôi-Châu, le condamné de la Commission criminelle, sacré che de parti par M. Varenne.

Au Tonkin . . . l'énergie avisée de M. Robin pour le moment maintient les choses dans l'ordre. Lui parti, les mêmes causes, — et les mêmes interventions — produiront probablement les mêmes effets qu'ailleurs.

Autre remarque en passant : rien de plus aisé que de tromper l'opinion métropolitaine. en présentant comme gamineries de potaches les incidents qui troublèrent nos écoles. Mais nous savons bien, nous, que ces potaches ont dans les 18 et 2) ans ; que beaucoup même sont mariés, que tous régentent leurs familles, parents et aïeux compris, du fait de l'ascendant que leur donne leur culture (!) occidentale ; qu'ils seront les hommes, et les électeurs de demain, pour exiger le droit des Peuples à disposer d'eux-mêmes. Nous n'ignorons pas, enfin, que l'Annamite a tendance à imiter l'oncle chinois, et qu'en Chine, les étudiants mènent le mouvement bolchévique ; là, tout près, à Canton, ils sont maitres de la rue, et qui vous dit qu'ils n'ont pas de cellules à Haiphong et Saigon ?

Mais ça, dirait Kipling, c'est une autre histoire. Il faudra bien la conter, tôt ou tard.

Pour aujourd'hui, constatons le mal, le mal immense fait à l'Indochine en si peu de temps ! On y vivait en paix ; l'entente régnait entre races ; elles en sont venues, — ce sont les Annamites qui l'écrivent, — à ne plus s'aborder que le poing menaçant. Les bras ne sont pas encore armés, heureusement ! Sans quoi nous n'aurions qu'à faire nos malles !

Ce qui m'étonne, ce qui me stupéfie en tout cela, c'est l'indifférence de la Métropole. Elle a d'autres préoccupations, c'est entendu ; mais le sort d'un Pays comme l'Indochine vaut tout de même qu'on lui consacre quelque attention.

Je ne pense pas que le souci de ménager un député influent, — votant, d'ailleurs, contre le Gouvernement dont il est fonctionnaire — paralyse à ce point M. Poincaré. Alors, qu'il se rende à l'évidence ; qu'il s'informe auprès des vieux Indochinois (M. Sarraut doit bien en connaitre, en qui il a quelque confiance !) Il saura où nous en sommes et quelles dangereuses étincelles recouvre mal ce néo-nationalisme anti-français, effet direct de la politique, anti-française, elle aussi, pratiquée, par M. Varenne.

G. H.

Opinion libre du 27 Octobre 1926

Le nouveau Décret sur les Municipalités

Celui-là est à inscrire à l'actif de M. Varenne, a qui, d'ailleurs, nous nous sommes plu à rendre justice, chaque fois que ses initiatives portaient les marques du bon sens et du souci de l'intérêt public. Réforme d'importance fort relative, au demeurant, mais qui n'en mérite pas moins, à divers points de vue, d'être étudiée et commentée.

En ce qui concerne Hanoï, elle constitue d'abord une réparation, qui ne fut que trop lente à venir. On se souvient, en effet, que la Capitale avait été punie pour avoir *mal voté*; à la suite d'une consultation qui n'avait pas eu l'heur de lui plaire, l'Administration avait réduit d'un tiers l'effectif français du Conseil Municipal, maintenu intact pour les deux villes sœurs : Saigon et Haiphong.

Rien ne justifiait ce geste d'humeur, puisqu'en principe l'importance numérique des Municipalités est fonction de la population; or celle de Hanoi n'était pas en baisse, au contraire.

Le nouveau Décret rend à Hanoi ses 12 édiles français. Voilà qui est parfait.

Il élève, par ailleurs, et pour les trois villes, le nombre de sièges attribués aux Annamites de 4 à 6. Si cette mesure, également justifiée, n'a pas été prise plus tôt, c'est en raison des absences fréquentes d'élus européens, qui avaient pour effet pratique de rompre, au profit des Natifs, la proportion voulue entre les deux éléments.

Cet inconvénient disparait, avec la création de conseillers suppléants.

D'aucuns, moi le premier, lorsqu'on parla de cette innovation, craignaient que ces honneurs de second plan ne fussent sans attrait, et que les candidats ne fissent défaut, pour la suppléance. Crainte vaine ! La subtilité du rédacteur du Décret la dissipe fort adroitement : présentés, sur liste unique, titulaires et suppléants seront simplement proclamés dans l'ordre des suffrages obtenus; tant pis pour ceux qui ne viendront qu'à *reprendre*, comme on dit à la caserne.

Le nouveau texte innove aussi en matière d'éligibilité : la plupart des fonctionnaires, ici comme en France, pourront enfin siéger aux Conseils Municipaux : rien de plus logique, dans une Cité où les agents administratifs tiennent une place considérable.

Est également mise au point une discussion qui fit couler beaucoup d'encre, lors des dernières des élections pour la délégation du Tonkin. Interprétant les textes de façon étroite et contrairement à la Jurisprudence métropolitaine, l'Administration prétendait alors compter comme nuls les bulletins au nom de fonctionnaires, inéligibles uniquement à ce titre. Plus explicite, et plus juridique aussi, le Décret sur les Municipalités énumère, en les distinguant, les inéligibles *absolus* et les inéligibles *relatifs* : ceux-ci soit les titulaires d'emplois incompatibles avec le mandat de conseiller, peuvent parfaitement être élus, il leur appartient alors d'opter entre la fonction administrative et la fonction publique : en cas de non option formelle, ils sont supposés conserver la première. Sauf erreur, en France, c'est le contraire qui se produit et semble plus logique : le fonctionnaire qui fait acte de candidat affiche, en effet, par cela même, ses préférences pour le mandat.

Mais ce détail n'a pas d'importance ; l'essentiel est de savoir à quoi s'en tenir.

J'ai noté rapidement les avantages de la réforme municipale dont nous sommes redevables à M. Varenne ; mais je n'ai pas épuisé les observations auxquelles donne lieu le nouveau statut de nos trois grandes villes. Lui aussi, hélas ! porte quelques traces d'improvisation : il a été bâclé en hâte, et j'aurai l'occasion de souligner, dans un prochain article, certaines anomalies qu'aurait dû faire disparaitre une étude plus attentive du texte soumis à la signature ministérielle.

Il n'est point de lumières sans ombres.

A. R.

Editorial du 2 Octobre 1926

Réforme municipale
Marques d'improvisation

En toute sincérité, je me suis empressé, hier, de rendre hommage à M. Varenne, pour ce que le récent Décret sur les Municipalités de Saigon, Hanoi et Haiphong comporte de progrès, d'innovations démocratiques. Ce devoir accompli, on permettra bien que je m'acquitte d'un second : la critique de dispositions fort mal inspirées, et qui hurlent contre la logique ; au point que j'en reviens à une supposition déjà faite : dans la nécessité d'aller vite, trop vite en besogne pour mettre en relief l'activité du Gouverneur Général, on a livré du travail inachevé ; les textes ont été bâclés.

Comment expliquer autrement qu'on ait pu édicter des règles matériellement inapplicables ? Mais procédons par ordre.

M. Varenne a reculé devant l'audace de doter Hanoi et Haiphong du Maire élu dont Saigon s'accommode pourtant fort bien, depuis le règne libéral des Amiraux. Puisqu'il estime devoir, au Tonkin, maintenir un fonctionnaire à la tête de l'Administration municipale et que, d'autre part, il autorise la plupart des fonctionnaires à se faire élire conseillers, on aurait compris une demi-réforme, une mesure transitoire, permettant à l'ensemble des édiles de choisir leur Maire, à condition de le prendre parmi les élus fonctionnaires.

J'ajoute de suite qu'une telle combinaison ne me séduirait nullement ; j'en tiens toujours pour le droit commun, pour la loi de 1884 jouant ici comme en France. Si je mentionne une réglementation qui aurait pu normalement venir à l'esprit de l'auteur du Décret, c'est parce qu'il en a pris exactement le contre-pied, sans qu'on parvienne à deviner pourquoi. Les fonctionnaires élus conseillers municipaux ne seront pas aptes à remplir les fonctions d'adjoint, (les fonctions ! c'est une façon de parler, car il ne s'agit que d'un titre honorique.) Mais voulez-vous bien me dire en vertu de quelle logique supérieure le Maire doit, de toute nécessité, faire partie de l'Administration, quand les adjoints, normalement appelés à l'aider, éventuellement à le suppléer, ne pourront, eux être au service de la Colonie ? Encore une fois, le contraire serait plus admissible.

Mais sortons du domaine théorique ; aussi bien les règlements sont faits, semble-t-il, pour être appliqués. Or avec la meilleure volonté du monde, on peut en être réduit à l'impossibilité matérielle de faire jouer cette disposition du nouveau Décret ; prenons trois cas, entre tant d'autres.

1° Il plait au collège électoral, — c'est son droit le plus absolu, — d'élire en bloc une liste exclusivement constituée par des fonctionnaires ; alors, il n'y aura pas d'adjoints, aucun des conseillers n'étant apte à l'emploi ; ou bien faudra-t-il recommencer les consultations jusqu'à ce que les suffrages se portent sur d'autres personnalités ?

2° Deux conseillers seulement appartiennent à la colonisation libre. Ils seront donc adjoints d'office, même s'ils ne le désirent pas, même si leurs collègues ne veulent pas les nommer ?

3° Enfin, il peut encore se faire que tous les postes de conseillers titulaires reviennent, dans l'ordre des voix obtenues, à des *administratifs*, le *colonisation* n'arrivant que pour les suppléances ; va-t-on détrôner deux titulaires et attribuer leurs places aux deux premiers suppléants, pour que ceux-ci, avec leur pleine capacité, soient promus adjoints ?

Non ! Cette double distinction d'édiles en pied ou de réserve éligibles aux postes d'adjoints, vous prend un de ces airs de rébus qui prêtent à rire. Il est fort probable qu'on n'y a pas songé au moment de l'élaboration du projet.

Je parierais cent contre un, d'ailleurs que, le texte n'en a été soumis, pour étude, ni au Secrétariat général, ni aux Administrateurs maires ni au Résident Supérieur, qui seront pourtant chargés de le mettre en pratique. Le chef-d'œuvre a dû sortir spontanément — telle Minerve du cerveau de Jupiter, — de l'imagination de quelque Indochinois de fraîche date : tant qu'il reproduit, en effet, la législation française, tout va bien, mais dès qu'il s'essaye aux retouches, à l'adaptation locale, on sent la maladresse d'un novice.

Toujours les mêmes procédés, aboutissant aux mêmes erreurs : on élimine les compétences, on fait fi des expériences, et l'Administration du Pays n'en marche pas mieux !

Editorial du 29 Octobre 1926

Les leçons de l'expérience

Sous ce titre, un vieux colon cochinchinois, M Sipière (que les anciens connurent, à Hanoi, comme capitaine), candidat malheureux au Conseil colonial, se livre à d'intéressantes réflexions sur la lutte de races inaugurée en Cochinchine.

Qu'il impute le mal à ses adversaires politiques, c'est dans l'ordre ; aussi bien n'est ce pas à ce point de vue que nous tenons à souligner son article, mais pour les renseignements précis, pour les témoignages directs qu'il nous apporte sur l'état des esprits cochinchinois.

La question, là-bas, a été nettement posée. Pour le collège électoral français, il s'agissait uniquement de combattre ou de défendre M. Varenne ; et les adversaires du Gouverneur ont triomphé à deux contre un.

Les Annamites avaient à se prononcer, de leur côté, pour ou contre le parti constitutionnaliste de M. Bui-quang-Chieu ; son succès fut écrasant.

Après avoir relaté l'action des Français originaires de l'Inde, qui votèrent, parait-il en ordre serré, M. Sipière écrit :

... « Les résultats des élections dernières sont significatifs.

« Un homme avait été élevé à la plus haute magistrature dont dispose le libre consentement des Elus.

« Placé au centre d'une assemblée faite en mi- partie de Français et d'Annamites, il devait servir d'arbitre suprême à leurs différends. Elu par les uns comme par les autres, il devait tenir entre eux la balance égale et les concilier ou les apaiser en cas de conflit.

« Cet homme est descendu dans la rue provoquant la violence des uns contre les autres.

« Les électeurs viennent de lui dire qu'il avait bien fait.

« Un homme devait donner l'exemple du respect des institutions et de l'absolue confiance dans l'organisation de son pays.

« Cet homme a dit publiquement:

« 1. Ne comptez pas sur le maire d'une ville comme Saigon pour interdire ou autoriser les cortèges ou manifestations, je m'en charge !

« 2· Ne comptez pas sur le Gouverneur pour réquérir le maire ; l'action directe est préférable, je m'en charge.

« 3· Ne comptez pas sur les troupes consignées dans les casernes, ni sur la police en uniforme, j'ai mieux que ça. D'exemple et de parole, il a préconisé le mépris des institutions et le droit personnel d'agir à sa guise. Les électeurs viennent de lui dire qu'il avait bien fait.

« Le même, toujours le même homme a traîné dans la boue la personnalité du Représentant de la France, l'insultant dans sa vie privée, dans sa famille et dans son honneur.

« Les électeurs viennent de lui dire qu'il avait bien fait. A ces mêmes électeurs on a pourtant prodigué les compliments les plus lourds. Faut-il en conclure qu'ils les méritaient ?

« Comment n'ont-ils pas vu quel était l'enjeu qui se jouait réellement dans la partie d'hier.

« Ils ont signé de leurs votes une pétition en faveur de la déchéance de M. Varenne et la vacance de son poste. Ils ont ouvert la voie aux compétiteurs à sa succession et tout particulièrement au plus ardent de ces compétiteurs qui n'avait gagné que la première manche d'une partie considérable dont le dernier mot n'est pas dit.

« Voilà ce qu'a fait le collège électoral.

« Pourquoi l'a-t-il fait ?

« Par crainte du désordre, nous dit-on.

« S'entendre avec les nationalistes annamites, les convaincre, les diriger, capter et mériter leur confiance, ce sont là, paraît-il, mesures équivalentes à les entraîner à la folie de quelque rebellion.

« Les contrarier, les brutaliser, les mater par l'usage d'une force illégale, les exaspérer ; c'est, paraît-il, la bonne manière d'en venir à bout.

« Du moins, c'était la bonne manière aussi longtemps que dura la campagne électorale.

« Dans l'ivresse du succès on oublia le rôle, et les paroles de concorde et d'apaisement que prononçaient depuis 15 jours les candidats de la liste battue. Son programme fut repris au profit de la liste victorieuse. Il ne fut plus un seul instant question de confondre les extrémistes et de les réduire à néant mais de mettre loyalement sa main dans la leur et d'accomplir précisément le geste qu'on redoutait tant de nous voir accomplir

« Le collège électoral a donc fait le contraire de ce qu'il croyait faire. Il s'est fait l'instrument d'une lutte pour la conquête du siège du Gouverneur général. Les élus, ou du moins leur chef, ont fait aussi le contraire de ce qu'on attendait d'eux. Ils ont proposé l'alliance et la collaboration en vue d'un travail fécond à ceux dont on nous reprochait hier de chercher la confiance.

« Vous me direz que c'était la seule chose à faire et nous serons entièrement d'accord. Voilà pourquoi il n'y avait nul reproche à faire d'abdication ou de désistement à ceux qui parlaient les premiers ce langage. D'autre part, comment supposer que l'on puisse désormais convaincre de la franchise d'une amitié ceux-là même dont on nous reprocha l'amitié comme une marque de déchéance ou de pusillanimité, sinon pire.

« En face des électeurs français de toutes races et de toutes couleurs se sont dressés dans un mouvement magnifiquement spontané les électeurs annamites. Ils ont mis sur le pavois ceux qu'ils croient être les meilleurs patriotes d'entre eux, et rejetèrent avec dédain ceux qu'on s'obstinait depuis 4 ans, à leur faire considérer comme les lumières de leurs partis. »

M. Sipière conclut en souhaitant, sans l'espérer, qu'élus Français et Annamites fassent bon ménage au sein du Conseil colonial.

Nous sommes, pour notre compte; bien convaincus qu'il en sera ainsi, les élus nationalistes sont des hommes intelligents, avec lesquels il sera possible de s'entendre, chaque fois que seront en cause les intérêts supérieurs du Pays.

Mais de la récente campagne cochinchinoise, menée (pour la première fois dans l'histoire de l'Indochine française sur l'opposition des races), il est un fait à retenir, une constatation à faire; c'est que le germe de haine, le principe même d'insurrection des Natifs contre leurs prétendus oppresseurs français ont été importés, l'un et l'autre; par M. Varenne et sa suite, celle-ci composée d'extrémistes français et d'extrémistes annamites.

Le ferment fut d'autant plus actif qu'il était mieux placé; au centre même de l'Administration, au Gouvernement Général.

Le mal fait en un an ne ressort que trop, même à travers la partialité du vaincu mécontent du suffrage universel, du condamné maudissant ses juges qu'est aujourd'hui M. G. Sipière. Nous avons cependant tenu à citer ce témoin du désarroi créé dans le Sud.

HINAPI

Opinion libre du 29 Octobre 1926

Descendons des nuées

Sous ce titre, un de nos collaborateurs traitant de l'organisation, encore *en puissance*, du crédit agricole indochinois, faisait ressortir l'inanité, pour ne pas dire le bluff manifeste, de la prétendue réforme audacieusement inscrite par M. Varenne, à son actif de Gouverneur.

Il s'élevait surtout contre la création de nouveaux services, avec direction coûteuse, indemnités diverses, et inutile multiplication de fonctionnaires, pendant que nulle innovation heureuse ne touchait encore le pauvre cultivateur, que nul avantage ne lui était réellement assuré.

Finalement, il suggérait de mettre en œuvre le crédit agricole en réunissant, dans chaque province, les diverse régies (opium sel, alcool) et en confiant à leur unique régisseur par surcroit, l'embryon d'étab'issement bancaire du chef lieu, avec la charge de contrôler les agences rurales. Et du coup, les Douaniers étaient récupérés pour leur rôle normal, la surveillance des frontières terrestres et maritimes.

Est-ce cette dernière éventualité. — ponctuée cependant du point d'ironie, — qui a suscité des récriminations parmi nos braves agents des Douanes ? Ou notre rédacteur a-t-il effectivement commis les impairs qu'on lui impute ? Toujours est-il que nous avons reçu d'un de nos abonnés et amis, douanier par surcroit, une longue lettre dans laquelle il ne relève guère qu'erreurs et inepties à l'actif de l'auteur de « *Descendons des nuées* ».

En l'absence de notre rédacteur, nous avons étudié de près les critiques de notre correspondant, critique dont nous le remercions, au demeurant, un journal n'étant vivant qu'autant qu'il suscite ainsi la controverse avec ses lecteurs.

En fait, je crois m'apercevoir que nous sommes taxés d'ignorance crasse des choses de la Douane (et des Régies) parce que notre collaborateur a eu un de ces *lapsus calami* qui dénaturent un texte : il a parlé de débitants de gros d'alcool, alors qu'il voulait désigner les débitants généraux ; ceux-là sont annamites et généralement sans grande surface, ceux-ci le plus souvent français et en principe d'une solvabilité reconnue. Mais laissons les détails et voyons seuleument la thèse soutenue.

Plus de compartiments étanches entre Administrations ; à fortiori entre branches d'un même service ; regroupement des attributions, pour mettre dans les mêmes mains celles qui se rapprochent, se complètent, en tous cas ne sont pas incompatibles. Par ce moyen, meilleure utilisation d'un corps de fonctionnaires qui ne rend pas toujours, du fait d'une organisation défectueuse, tout ce qu'il pourrait, voudrait et devrait rendre. Voilà l'idée générale ; je ne vois pas ce qu'on pourrait lui opposer : des difficultés d'application immédiate? C'est entendu : autre chose est l'établissement d'un beau plan sur le papier, autre chose la mise en marche d'une affaire, administrative ou autre, avec des moyens réduits.

Mais en théorie, et il ne nous est pas donné, dans la Presse, de faire mieux, notre collaborateur a pour lui toutes les apparences de la logique, mettons du simple bon sens.

L'exemple d'application qu'il donne, au sujet de l'organisation éventuelle du crédit agricole, peut maintenant pêcher par maints côtés ; on voit bien qu'il s'agit d'une idée et non d'un projet mûrement étudié. Comme le Douanier qui nous rappelle le vieil adage romain : ne sutor ultra crepidam (en Provence, on a traduit : Courdounié, faï tou mesti !) nous sommes d'avis que les projets de ce genre devraient être soumis, en premier lieu, aux futurs exécutants, à ceux qui seront appelés à mettre la main à la pâte. Pour cela, nous avons toujours regretté la réaction contre les Amicales de fonctionnaires, et la diminution de leur rôle.

Il eût fallu instituer la collaboration confiante et permanente des Directions et même du Gouvernement Général avec le Personnel, non seulement en ce qui concerne le statut et les intérêts de ce dernier, mais encore et surtout en vue des améliorations à apporter, et que révèle surtout l'usage, la pratique, dans le fonctionnement des Services Publics. Messieurs Sarraut et Long, partisans de cette entente féconde, n'ont pas été suivis par M. Merlin ; bien moins encore par M. Varenne, pour qui tout subordonné doit être un thuriféraire ou se résigner à ne pas compter.

Mais je m'égare. Mon aimable correspondant, Douanier par surcroit, ne se repentira pas, je suppose, de nous avoir saisis de ses critiques ; nous savons admettre ce qu'elles ont de fondé, et en outre, les idées évoquant les idées, nous allions nous laisser glisser ensemble vers d'intéressantes digressions. Halte-là !

A. R.

Editorial du 31 Octobre 1926.

Inquiétude

Etonnants voyageurs ! quelles nobles histoires ,
Nous lisons dans vos yeux profonds comme les mers ;
Montrez-nous les écrins de vos riches mémoires,
Ces bijoux merveilleux, faits d'astres et d'éthers.

Beaudelaire

Avec moins d'élégance sans doute , les représentants de la presse métropolitaine ont sollicité les confidences de Me et M. Varenne encore passagers de l'Angers. Il était à craindre en effet que la joie de fouler le sol français ne troublât les souvenirs des illustres voyageurs. Après dix mois d'absence , pendant lesquels ils ont parcouru l'Indochine et le Siam , notre Gouverneur et sa femme durent être profondément surpris de n'apercevoir sur les quais ni pousse ni éléphant. Cette stupéfaction dut paralyser la mémoire des interviewés car ils invoquèrent une question de préséance pour éluder leurs réponses au sujet de la situation extérieure de l'Indochine. Cela prouve ou bien que cette situation est assez critique, ou que les voyageurs ne s'en sont pas préoccupés.

Et M. Varenne, qui connait son Beaudelaire et le cœur humain, s'est au contraire appesanti sur la description des bijoux merveilleux : ***ses mesures prises pour équibrer le budget de l'Indochine***. Il a promené ses auditeurs dans les paysages éthérés de l'illusion ; ***sa conviction absolue qu'une entente durable et définitive est possible entre la France et les populations si attachantes de l'Indochine, dont les éminentes qualités permettent tous les espoirs de régénération et de progrès, et qui ne nous demandent que leur part légitime d'influence dans la gestion des affaires de leur pays.*** Les chefs du parti constitutionnaliste vont tout de suite constater combien pernicieuse fut l'action du vent du large sur l'esprit de leur protecteur. Il ne parle plus maintenant d'une République indochinoise aux mains du peuple annamite, mais simplement d'une petite part d'influence dans la gestion des affaires de leur pays à accorder à ceux des Annamites qui possèdent des qualités éminentes.

Il est permis de se demander ce que vont en penser les rédacteurs de l'appel à la Société des nations publié dernièrement dans l'Indochine Républicaine. La grande difficulté dans la réalisation d'un programme politique aussi vaste et aussi imprécis que celui de notre Gouverneur consiste à ne mécontenter personne.

M. Varenne en exécutant une figure chorégraphique aussi compliquée, pleine de pointes, de pirouettes de côté ou en arrière, de grands écarts, risque de décevoir même ses admirateurs habituels. Il ne manque pas d'adresse, mais n'a plus la souplesse, l'agilité d'un Nijinsky.

Peut-être même faut-il voir dans le désintéressement des connaisseurs pour un tel spectacle la cause de l'absence de personnalités marquantes à la réception de bienvenue de Marseille. Il y avait bien des amis personnels de notre Gouverneur, mais s'il avaient été des politiciens éminents, le communiqué n'eût pas oublié leurs noms. Le préfet des Bouches du Rhône était forcément de la partie. Le préfet de l'Ain doit être un parent de M. Varenne. M. Paulain se trouvait peut être en villégiature dans la région et M. Garnier a l'habitude de ces corvées. Aucune personnalité de l'Indochine ne figure au tableau, et pourtant, nous savons que nombreux sont en ce moment nos concitoyens jouissant d'un congé en France.

Je vois des sceptiques sourire. Peut-être pensent-ils que M. Varenne fatigué n'a pas voulu recevoir des délégations, entendre des discours. Qu'il se détrompent. Le brillant causeur est toujours heureux de recevoir pour se faire entendre.

Il avait fait préparer une fête dans le salon de l'Angers, mis grâcieusement à sa dispositions, comme à Saigon. Il avait répété ses improvisations pour juger de l'effet probable sur ses auditeurs. Il s'était entraîné afin que la radio diffuse dans l'univers ses phrases harmonieusement composées. Au dernier moment. tout étant prêt, il ne manqua plus que les spectateurs et, la première ne fut qu'une répétition générale devant les amis intimes et les membres de la presse. Encore ces derniers semblent-ils passablement déçus. Ils ne venaient pas là pour entendre dire ce qu'ils savaient déjà, mais pour apprendre quelque chose de neuf au sujet des relations extérieures de l'Indochine placée si près d'un grand peuple bouleversé par une crise de bolchévisme, prêt aux pires extrémités ; en révolte sinon en lutte ouverte contre l'Angleterre et la France. Ils voulaient savoir si le Japon était toujours parmi nos amis. Ils auraient aimé apprendre que le voyage au Siam n'avait pas uniquement eu pour but de faire apprécier la grâce et le charme d'une française au grand cœur. L'Indochine peut-elle faire figure honorable, ou doit-elle toujours considérée comme une enfant en bas âge ? Voilà ce qu'ils demandaient.

Or, M. Varenne a jugé prudent de ne pas répondre.

Verrait-il déjà lui-même son étoile pâlir ?

Voudrait-il étouffer ses sanglots dans les bouquets de fleurs offerts à sa femme ?

Les adulateurs indochinois de notre Gouverneur sont inquiets.

J. B G

Ecran 4 Novembre 1926

Commentaires sur les grèves de nos jeunes trublions

En « Opinion libre » du 24 octobre dernier et sous le titre « Une nouvelle mentalité annamite », *l'Indochine Républicaine* a publié un intéressant article signé G. de M. L'auteur y montrait nettement comment l'esprit de la masse indigène, depuis l'arrivée de M. Varenne, avait évolué dans un sens fort hostile à l'influence française. Et comparant l'attitude présente de nos protégés à leur manière d'être avant l'avènement de notre dernier proconsul titulaire, il s'exprimait ainsi :

Reportons nous à 1925 : on écrivait alors comme aujourd'hui ; on discourait, on votait. Pouvez vous me citer un seul cas, en dehors des appels à la revolte poussés prudemment de l'extérieur par des Phan-boi-châu, aujourd'hui grâciés et honorés, où le ton, l'attitude de l'Annamite vis a vis de la France et des Français fussent ce qu'ils sont maintenant ?

Et G. de M. concluait par un « nunc érudimini » sur l'enseignement qu'il nous faut tirer du présent etat de choses au lieu de « rééditer le geste de l'autruche », c'est à dire de vouloir dissiper « le danger en le niant ou en le dénaturant » Il est de fait que nous sommes trop nombreux à nous aveugler nous-mêmes à ce sujet, à refuser de voir les Annamites de plus en plus généralement afficher à notre égard « une haine tenace » bien que « masquée sous les dehors d'un nationalisme en lui-même fort respectueux », et à persister dans « le mépris ou l'indifference » avec lesquels nous traitons « les excès d'une poignée d'energumènes » en nous persuadant qu'« ils ne seront jamais suivis par les masses ».

Ce n'est, malheureusement, point être d'un pessimisme systematique que professer pareille opinion à la justesse de laquelle je voudrais apporter de nouvelles preuves. Il fut en effet naguère des circonstances qui lui donnèrent une corroboration vigoureuse, qui furent traitées cependant par beaucoup de nos compatriotes en incidents parfaitement négligeables, et sur lesquelles la presse française d'Indochine n'a pas toujours attiré l'attention dans le sens qui convenait. Je veux parler des grèves scolaires du deuxième trimestre de cette année même. Quoi qu'on en ait voulu prétendre, elles ont une portée qui dépasse singulièrement celle d'une simple gaminerie de potaches, et manifestent une situation de fait qui est, pour le moins, fort regrettable.

Ces manifestations collectives d'indiscipline, *l'Indochine Républicaine* les a signalées en leur temps. On se rappelle qu'elles ont eu lieu dans la plupart des grands centres urbains — non précisément indochinois — mais des trois pays annamites. Elles se sont toutes produites dans le délai d'une courte période, de telle sorte qu'il est permis d'induire de leur quasi-simultanéité, de leur presque concordance synchronique, qu'elle dérivent d'une volonté unique, c'est-à-dire d'un personnage ou d'un groupe de personnages qui tenait en mains les ficelles de tous les pantins destinés à y participer. Je ne puis croire en effet, malgré la considération du très puissant instinct grégaire des enfants, des adolescents, et des foules, que les écoliers du Tonkin eussent d'eux-mêmes imité leurs premiers camarades grévistes de Cochinchine. Ils n'avaient au début nulle velléité de se solidariser avec ces derniers ; ils ne correspondaient pas avec eux, en dehors de quelques-uns qui échangeaient avec un très petit nombre d'entre eux, à titre privé, de rares lettres amicales, ils ne savaient quels étaient leurs aspirations, leurs desseins, leurs espoirs, ils ignoraient qu'ils dûssent fomenter un jour des troubles politiques et, en somme, ne les connaissaient pas. Le fait qu'ils se livrèrent aux mêmes manœuvres que les Cochinchinois, dès que ces derniers eurent esquissé leur premier geste de révolte, implique nécessairement qu'un mot d'ordre avait été donné par ceux-là mêmes — les véritables *trublions* — qui avaient intérêt à déclencher le vaste mouvement d'indiscipline des élèves.

Quel était donc leur but ? A coup sûr, ils ne pouvaient espérer, de cette entreprise, quand bien même la réussite l'eût couronnée au-delà de leur attente, le triomphe de leurs visées prétendues révolutionnaires et patriotiques, mais au fond tout simplement francophobes, parce que la domination française les empêche de réaliser leurs égoïstes ambitions. Aussi, ne tentaient-ils là qu'un *essai*, tant pour se rendre compte de leur pouvoir sur la masse de leurs compatriotes, que pour prévoir, à la suite des mesures que notre administration prendrait en face de la situation trouble ainsi crée par eux, ce qu'il pourrait advenir de manifestations nouvelles, plus générales et plus graves, quelles sanctions, en cas d'échec, seraient vraisemblablement appliquées aux fauteurs de ces dernières qui, selon toute probabilité, avaient été déjà envisagées.

Cependant - pour qui connait la mentalité indigène, pour qui surtout se rappelle l'ancienne, et coutumière et générale souplesse de nos protégés, à notre égard — il n'est pas douteux qu'un changement si radical dans l'attitude des élèves annamites n'ait été longuement et sournoisement préparé. Car, en réalité, les velléités de révolte collective qu'ont traduites les grèves scolaires n'ont été rien moins, pour ceux qui y participèrent, que le conscient et volontaire renversement de la traditionnelle morale de leurs ancêtres. A l'origine même des mouvements, il faut en effet placer le sentiment d'une désobéissance systématique aux conseils et aux ordres des professeurs français — partant d'un total irrespect à l'égard de ceux-ci — cependant que jusqu'alors, et depuis qu'il existe un Annam et un peuple annamite, tout maître avait été vénéré par ses disciples au moins autant, sinon davantage, que leur propres ascendants. « L'enfant doit révérer son éducateur comme son père », était ici plus qu'une maxime que toutes les générations avaient respectée, c'était un principe moral essentiel qui avait la valeur d'un dogme. Et certes, au moment de l'arrivée en Indochine de M. Varenne, le sentiment du devoir que ce principe impliquait n'était pas encore affaibli dans les cœurs au point de laisser prévoir qu'il allait y être remplacé par son contraire. On peut donc souscrire sans réserve à cette déclaration que m'a faite naguère un membre même de l'Enseignement — l'un des plus anciens de l'Indochine : « Je suis convaincu que jamais nos élèves indigènes n'auraient songé à la possibilité, seulement, de leur mouvement d'indiscipline générale, s'ils y avaient été poussés par des influences toutes puissantes sur leurs esprits et sur leurs cœurs. »

Mais, ces influences, quelles furent-elles? Nous voici en présence des deux éléments essentiels de la question : d'une part sont les chefs des francophobes, poignée d'individus que dévorent leur ambition, leur désir effréné de jouissances matérielles, leur égoïsme criminel qui serait pour la masse de leur compatriotes; s'il triomphait, un atroce fléau, et qui sont la pensée directriee, celle qui conçoit sournoisement dans l'ombre, celle qui arrête les modalités de *l'essai* à entreprendre — et d'autre part, avec la foule des écoliers adolescents, jeunesse enthousiaste de jouer ce qu'elle croit être un grand rôle, avide d'en saisir l'occasion, facile à berner dans ce sens, si éperduement outrecuidante d'ailleurs qu'elle se comparera volontiers aux révolutionnaires français de 1789 dont elle a passionnement, pour la bien mal digérer, étudié la geste à l'exclusion de tout le reste de notre histoire, avec cette foule, dis-je, l'instrument que cette pensée directrice va faire agir. Entre les deux éléments, il n'y a cependant aucune communication directe. Ce sont donc des intermédiaires qui vont transmettre à l'outil la volonté d'action du concept directeur.

Et voyez comme le plan est bien combiné. Ce n'est pas sous le gouvernement de M. Monguillot que les trublions vont risquer la tentative : ils savent trop ce qu'il pourrait leur en cuire ! Mais on attend que le *Messie* soit venu, que le socialiste Varenne soit nanti de son proconsulat indochinois, qu'il ait provoqué dans l'âme populaire, par ses promesses imprudentes, faites en dehors de toute connaissance, même superficielle, de la psychologie de ses nouveaux sujets, l'effervescence que détermine l'espoir d'atteindre les plus merveilleuses chimères. Comme il est facile à nos ennemis d'exploiter une telle situation, de la faire tourner en faveur de ce qu'on appelle fallacieusement, la « *cause nationale* », et de rapprocher d'eux ce bon peuple qui, naguère, leur marquait sinon de d'hostilité, du moins une profonde indifférence ! Alors, peu à peu, la « Cause » acquiert de nouveaux adhérents, surtout dans le monde intellectuel auquel les trublions déclareront bientôt qu'ils réservent les meilleures places dans leur prochaine République Indochinoise (1). Ainsi se révèlent les influences intermédiaires et toutes puissantes dont me parlait ce membre de l'Enseignement dont j'ai tenu tout à l'heure à reproduire la pensée.

Ce sont en effet, avec des étudiants de l'Université, des professeurs et des instituteurs indigènes qui vont être les porte-paroles des promoteurs du subversif mouvement. Comme ils craignent cependant, — malgré l'indulgence escomptée de M. Varenne en cas dinsuccès-pour leurs situations présentes qui sont tout de même plus certaines que le mirage des postes honorifiques et lucratifs de la future République, ils se tiendront sur leurs gardes, verront un sycophante possibls en toute personne dont ils ne seront pas absolument sûrs, ne commenceront leur propagande, surtout nocturne qu'auprès de quelques pères de famille dont les sentiments antifrançais leur sont connus. Et dans leur existence officielle, pendant leurs heures de service, ils donneront à leurs chefs et à leurs collègues français la certitude qu'ils pratiquent le plus fervent loyalisme.

---

(1) Je dis bien «Indochinoise et non « Annamite» Ces Messieurs ont en effet les dents si longues que leur futur état doit comprendre - outre la Cochinchine, l'Annam et le Tonkin - nos protectorats du Laos et du Cambodge. Mais quel est le rêve qui se limite ?

Or, les intelligences qu'ils auront ainsi conquises vont agir à leur tour aidées au surplus par des anciens lettrés dont les villes sont le refuge, et qui sont devenus nos ennemis les plus acharnés depuis la suppression, en un temps déjà lointain au Tonkin, de l'enseignement indigène traditionnel. Des étudiants de l'Université de Hanoi viendront même en automobile, à la nuit close, dans les places où des collèges existent. pour y distribuer des tracts antifrançais et faire, dans certaines maisons discrètement hospitalières, d'incendiaires conférences. Les premiers pères de famille soudoyés feront eux-mêmes enfin de nouveaux adeptes. Et lorsque la propagande se sera largement étendue, en vaste tache d'huile, lorsque le jour aura été arrêté : par exemple l'anniversaire de la mort de Phan-chu-Trinh-pour la manifestation projetée, c'est des parents eux-mêmes que viendra, pour un certain nombre d'élèves, les pervers conseils de désobéissance, d'indiscipline, et d'irrespect.

Je dis « pour un certain nombre ». Je ne veux point affirmer que toutes les familles firent sur leurs enfants une telle pression, en opposition totale avec les principes et les traditions des ancêtres. Il en est qui se sont abstenues ; il en est d'autres qui n'ont joué ce rôle qu'avec beaucoup de tiédeur ; d'autres enfin qui n'ont agi que par crainte de représailles des organisateurs dont ils jugeaient possible le triomphe. Mais il n'en est pas moins vrai que malgré réunions nocturnes, tracts, conférences, discours, la manifestation eut échoué sans le concours des parents eux-mêmes. Qu'on ait assez généralement ignoré cette influence à Hanoi, cela se comprend. Dans la grand'ville, combien d'Européens sont mêlés intimement à la vie annamite ? Nos compatriotes ont bien assez, pour la plupart, de conduire leur propre existence, souvent trépidente, et se soucient peu des gestes et des pensées de nos protégés. Par contre, en province, où le plus gros centre — en dehors de Haiphong — réunit à peine trois cents Français, il en va de telle sorte que tout acte collectif de l'indigène - fête, procession, mouvement politique ou religieux - provoque immédiatement l'intérêt de la population blanche. Et dans le seul lieu-le cercle-où puisse habituellement se réunir la totalité de cette dernière, et qui est tout ensemble le forum et le théâtre du lieu, chacun apporte à l'heure de la manille ou du bridge les renseignements qu'il a pu se procurer de telle sorte que, le soir même, tout le monde sait à quoi s'en tenir sur l'événement.

C'est là ce qui s'est produit dans une ville importante, active, riche de ses industries et des rizières de sa campagne, et située en plein delta tonkinois, à moins de cent kilomètres de Hanoi. J'y connais de vieux amis que je suis allé voir pour étudier cette question des grèves scolaires, tant il me semblait qu'on avait tort de la considérer comme une gaminerie risible de galopins. Et j'ai pu apprendre entre deux trains ce que j'avais vainement tenté de savoir auparavant et ailleurs, c'est-à-dire qu'en toute vérité, les manifestations d'écoliers furent des manifestations nettement antifrançaises et, qu'à part un assez petit nombre d'Annamites loyaux, la population indigène aurait voulu les voir réussir.

Car comment comprendre que, par exemple, dans cette cité de province dont je viens de parler, aucun symptôme, aucun bruit, aucune délation ne se soit révélé suffisamment à temps pour permettre au Résident et-avant las ûreté-au personnel français de l'Enseignement de faire avorter le mouvement projeté ? Tout s'est organisé dans le plus grand secret, sans que rien en transperçât. Il n'est pas douteux pourtant que la grande majorité des habitants indigènes n'ait été mise au courant de ce qui tramait. Les parents, au surplus, pouvaient-ils ignorer que leurs enfants, au jour anniversaire de la mort de Phan-chu-Trinh, s'en iraient à l'Ecole avec un crêpe à leur casque et un brassard noir au bras gauche, et que, de leur désobéissance aux ordres de leur Directeur leur enjoignant de faire sur le champ disparaître ces insignes, résulteraient les troubles projetés ? Peut-être n'a-t-on pas aseez dit quelle fut l'ampleur de la sédition dans cette ville qui fut l'une des grandes métropoles intellectuelles de l'Annam, et qui sert encore d'asile à bon nombre de *lettrés* selon l'éducation traditionnelle chinoise, donc gens particulièrement hostiles à nos principes de civilisation, de culture et d'éthique. Sait-on notamment que ce ne furent pas seulement les adolescents de l'enseignement du 2è degré, mais encore les 2400 enfants des écoles primairos qui, dans notre ville provinciale, tinrent à se mettre en grève ? Des fillettes même, portant aussi les fameux insignes de deuil, se sont jointes à leurs condisciples mâles. Le désordre eût été, je pense, à son comble, si la police ne s'était attachée sur le champ à le freiner. Une centaine de manifestants firent ainsi connaissance pendant quelques instants avec les violons municipaux, tandis que le Colonel de la garnison arrêtait lui-même d'une poigne solide les grévistes qui passaient devant sa caserne et les fourrait incontinent à l'ombre de ses locaux disciplinaires.

Il y eut des incidents qui, renfermant une part de comique, de ridicule, voire de grotesque, n'en attestent pas moins la patience et la maîtrise des organisateurs du mouvement, en même temps que la complicité des familles. Je ne vaux point allonger démesurément ces commentaires en les décrivant. Je passerai donc rapidement sur ces deux faits donnés à titre d'exemple : en premier lieu, l'obstination asinesque de ce mioche de 8 ans qui veut quitter sa classe pour rejoindre les camarades en ville, et qui, harangué paternellement d'abord par le Résident, fait cette réponse effarante à la menace de n'être plus jamais réadmis dans aucune école : « Monsieur, cela nous est *très* indifférent, car mes camarades et moi nous savons que *la rizière manque de bras* et nous *irons faire cultivateurs*. Ainsi nous serons des citoyens utiles à notre pays sans l'aide des étrangers » - puis cette autre réponse d'un père de famille à qui l'un des professeurs français demande pourquoi il n'a pas empêché sa fillette, âgée, de douze ans, de participer au mouvement général : « Elle a agi, Monsieur *d'après sa conscience !* Je n'ai pas cru du mon devoir de m'opposer à une conviction sincère ».

La « conscience » d'une gamine, cela vaut les « bras » du moutard de 8 ans, n'est-ce pas ? Vous dites que ce sont là des leçons apprises ? certes, cela n'est pas douteux ! Mais réfléchissez à l'enseignement que comporte pour nous ce fait qu'elles ont été si bien sues et que l'une d'elles fut imperturbablement récitée - avec une attitude pleine de superbe - devant la principale autorité française de la ville et de la province !

Et maintenant, concluons ! C'est là d'ailleurs chose facile, dans un sens qui s'impose, tant nettement nous y convie l'exposé qui précède. Si les écoliers avaient été seule, sans le secours de qui que soit, à concevoir puis à entreprendre leur sédition, on pourrait, après avoir souri de leur tentative libertaire ne pas s'en inquiéter davantage. Mais le fait certain qu'ils n'ont été qu'un instrument entre les mains des Antifrançais, avec la complicité de leurs parents parfois, pouve au contraire quels progrès en peu de temps, a réalisés parmi la population indigène, l'idée de détachement de ce lien, jusqu'alors allègrement supporté, de la domination française malgré les profits indéniables dont celle-ci fait bénéficier celle-là. Tel est le résultat déplorable, et contre lequel il est nécessaire de réagir fortement-d'une politique de faiblesse, d'utopies et de billevesées qui aboutit exactement à l'opposé de ce qui était désirable, c'est-à-dire à une désaffection, plus accentuée qu'elle ne le fut jamais, du peuple protecteur.

RUSTICUS

En voulez-vous, des tuyaux?

Je ne vous les garantis nullement, — autant vaut le dire dès le début, — pour la raison fort simple que je ne contrôle pas leur origine ; je les transmets tels qu'on me les fournit Je ne retiendrai pourtant que les nouvelles vraisemblables, et appuyées de témoignages sérieux.

Avez-vous remarqué comment l'étoile de M. Varenne ressemble à un phare à feu intermittent ? Il est à Dalat ; calme plat. Il passe à Saigon, grand vacarme ; horions fréquemment encaissés.

Près d'un mois de traversée : rien ne transpire ! Et pourtant... le sans-filiste du bord m'en a servi une bonne : M. Varenne a bridgé avec acharnement, jour et nuit ; c'est pour le bridge qu'à la dernière heure il avait décidé d'emmener un spécialiste, M. Chasssaing, le *rigolo* de Pnom-Penh ! (Croyez-vous que ces jeunes gens, du type de mon radiotélégraphiste, ont perdu toute notion du respect dû à un Gouverneur Général, Vice-Président de la Chambre et à un administrateur de 1re classe inpecteur des affaires politiques !)

A Marseille, débarquement dépourvu de pompe : notre proconsul n'est *reçu* que par M. Garnier, Directeur de l'Agence Economique, plus communément chargé, de par ses fonctions, de *réceptionner* M. Varenne parle cependant — deux heures sans tousser — devant une Chambre de Commerce attentive : il y a les affaires !

A Paris, si le Parlement ne lui dépêche, à la gare, que le symbolique Diagne, – Noir sur Blanc pour résoudre le problème jaune, — il retrouve au moins ses moyens de publicité ! N'a-t-il pas fait rentrer en France pour l'y avoir sous la main, le Directeur (Indochine et Extrême-Orient) de l'A. R. I. P. en personne ? Conclusion : méfiez-vous des dépêches officielles, vous apprendraient-elles (d'Europe seulement on voit ces belles choses !) que Varenne a définitivement cimenté la fraternelle collaboration des Français et des Annamites !

La Vérité, au surplus, ne perd jamais ses droits, même quand elle filtre lentement, difficilement : par un planton qui avait rassemblé les morceaux d'une lettre déchirée et mise au panier (brûlez, mes amis, brûlez, ne déchirez pas !) voici ce que j'apprends : un journaliste éminent, de ceux qui font les Ministres, a vu M. Léon Parrier. M. Varenne ne reviendra pas en Indochine ; c'est écrit ! Il s'est montré trop mauvaise tête ; il a conclu malgré la défense du Gouvernement ses affaires emmanchées ; il a exigé, il a menacé, quand il s'est agi du dernier renouvellement de sa mission, du voyage de Madame à Bangkok, ou de la rentrée de M. Monguillot ; et Paris a cédé, pour un bien de paix. Mais *cela* ne saurait durer !

De sa politique dangereuse, et même du sort de l'Indochine, en tout cela, il n'est question que subsidiairement, comme dirait notre confrère d'Aulnay, disciple de Cujas. Les affaires bien menées, et docilement, car la République des camarades entend dire son mot, voilà ce qui importe.

Or notre Ministre des Colonies, un savant, un professeur de Faculté à qui l'on n'en conte pas, a remarqué (a constaté *par le visu*, disait mon adjudant) que, depuis des années, les affaires indochinoises ne progressent pas : c'est une véritable stagnation, à peine quelque intermittente velléité d'avance à cadence de tortue.... Tandis qu'en Afrique, voyez tels groupes où l'activité bat son plein, telles régions transformées, et les budgets gonflés, et les emprunts, les emprunts surtout, providence des . chut ! Bref, c'est en Afrique qu'on ira chercher des hommes énergiques pour réveiller, secouer de leur torpeur les affaires indochinoises.

Carde a ses partisans, Ollivier a les siens ; à la dernière heure (dernier petit morceau de la lettre déchirée) Carde avait preneur à deux contre un.

Il est vrai que Monguillot n'était pas encore arrivé a Marseille, et que Pasquier, en huit jours, n'avait pu donner sa mesure.

En voulez-vous, des tuyaux. ?

A. R.

Editorial du 9 Novembre 1926

Une opinion intéressante

Notre consœur Pinson ne fait pas de politique ; elle se contente de faire le bien, et cela la pare d'une auréole autrement belle ! Les pauvres petits abandonnés qu'elle a recueillis et maternellement élevés se pressent autour d'elle, chaque jour plus nombreux ; et comme la grande dame romaine dont l'histoire nous a transmis le nom, elle pourrait, elle aussi, montrer fièrement *sa parure*, sa magnifique famille adoptive.

En tous cas, elle est une réponse vivante, — et de quelle éloquence ! — aux dissertations des malotrus traitant les Français d'Indochine de *coloniaux à la trique*.

Pinson, dans l'*Indépendance* d'aujourd'hui, nous parle de M. Varenne, incidemment, car elle a intitulé son quotidien : *Par ci-Par là* « Un article, un seul, » Quelque attrait qu'aient, pour elle les générosités sociales de la doctrine socialiste, quelque justice qu'elle rende au bon vouloir de Madame et M. Varenne, les raisons ne lui ont nullement échappé, pour lesquelles l'une et l'autre n'ont pas réussi à gagner les cœurs des foules. Laissons-la s'en expliquer, avec ce ton familier de simple et noble franchise qui force la conviction. Elle écrit :

« Pourquoi M. Varenne n'a pas été populaire ?

M. Varenne n'a pas été populaire, parce qu'il n'avait pas le sentiment des gens du midi.

Parce que M. Varenne surtout ne recevait pas facilement, parait-il.

Nombreux sont ceux qui parlent et se plaignent.

Ils ont, parait-il, écrit à M. Varenne et n'ont jamais obtenu un seul mot de réponse.

Plus fort que cela, parait-il, des coloniaux haut côtés pour leur vertu, et par leur haute situation dans la colonie, ont demandé une audience, et on les a évincés sans un mot d'excuse.

Monsieur Albert Sarraut, ministre des colonies, alors qu'il était gouverneur général, avait l'abord facile, et il aimait recevoir.

Il se faisait ainsi, une opinion personnelle et n'obéissait à aucun parti, à aucune coterie.

En se faisant lui-même une opinion, il agissait par lui-même et les ambitieux y étaient déjoués, les arrivistes restaient un pied en l'air, et les bons, eux, qui arrivent toujours trop tard à la soupe, pouvaient lorsque les arrivistes, les ambitieux, s'étaient prosternés aux pieds du pouvoir .. être écoutés, entendus, et M. Albert Sarraut arrivait par sa bonne façon toute méridionale, à savoir ce qui se passait, à juger par lui-même et n'obéissait pas, comme M. Varenne l'a malheureusement fait, à ceux qui avaient capté toute sa confiance !

M Varenne était, parait-il de l'Auvergne ; les gens d'Auvergne sont probes mais entêtés ; lorsqu'ils ont mis leur confiance dans une personne, rien ne les fait changer d'avis.

Cela est bien ; lorsque les personnes sur qui on a placé sa confiance sont gens honnêtes, bien élevés, hommes de capacité, ayant vécu dans un monde qui a pu leur enseigner la civilité.

C'est mal, lorsqu'on place sa confiance en des personnes ne sachant ni A ni B de ce qui se passe dans une colonie, et qui obéissent, non à leur conscience, mais à leurs instincts, et qui pensent à ruser, à gagner de l'argent « pendant tout le temps que cela dure » Hélas !... M. Varenne venait au Tonkin avec des idées fausses, bien arrêtées, il croyait que les vieux coloniaux étaient des négriers et son opinion n'a changé que par la force de l'honnêteté des vieux colons qui s'est imposée au Gouvernement Général.

Malheureusement, il était trop tard !

Madame Varenne n'obéissant qu'à de bons sentiments, a défendu une cause : celle du pauvre, qui n'était même pas attaquée et s'est mis à dos tout l'élément français de la colonie.

Trompés jusqu'au fond des os, voilà quel a été le sort de Madame et de M. Varenne.

Notre Gouverneur Général, outré de tout ce qu'on lui avait raconté sur les colons ou les industriels, n'a pas eu l'abord facile, on le lui reproche à juste droit, et c'est de là que viennent tous ces malentendus qui ont fait de l'homme de bien qu'est M. Varenne, un être presque sans volonté, qui agissait dans ces derniers temps à l'aveuglette :

Socialiste à l'Extrême, on reproche pourtant à M Varenne d'avoir obéi à des coteries cléricales, d'avoir eu des libéralités pour certains..., princières, lorsqu'il hésistait à aider d'autres personnes. »

Ainsi parle Pinson, sincèrement, sans apprêt ; de la voix du cœur ; elle continue en évoquant certains gestes heureux du Gouverneur Général et de son Directeur du Cabinet. Ce que nous avons voulu souligner, c'est que comme nous, comme tant d'autres ; j'allais dire comme tous ceux qui voient clair, Pinson regrette que M. Varenne se soit trompé ; (pratiquement, cela revient au même).

Oui, ses douze mois de règne auront été douze mois d'*erreurs* ; ils auront suffi à encourager des arrogances désavouées aussi bien par les Annamites sérieux que par les Français intimement attachés à ce Pays ; sa politique inconsistante n'aura finalement abouti qu'à la situation absurde, absurde et dangereuse, accusée par les récentes élections de Saigon : deux races dressées en antagonistes, alors qu'elles ne peuvent vivre et prospérer que l'une par l'autre.

A cette entente harmonieuse, souci permanent de ses prédécesseurs et qu'inconsidérement M. Varenne a sapée dans sa base, M. Pasquier et ses collaborateurs auront à travailler avec ardeur, tous moyens mis en œuvre. Ils réussiront à la cimenter à nouveau, je l'espère ; car, vieux Indochinois, ils seront, de par leur expérience, à l'abri des intrigues et des erreurs d'antan.

A. R.

Editorial 11 Novembre 1926

Rétrospective

L'Opinion de Saigon, sous le titre :

M. Varenne reviendra-t-il ?

écrit :

« L'arrivée de M. Varenne a fait sensation en France. Après les déclarations faites à Marseille, M. Varenne est parti pour Paris. Dès son arrivée les bruits de couloirs ont commencé à circuler. C'est ainsi que notre correspondant nous télégraphie que la question se pose de savoir si M. Varenne reviendra en Indochine. Une campagne politique se dessinerait dans ce but.

Remarquons que notre correspondant n'indique nullement que la campagne annoncée produira l'effet qu'elle se propose. Mais on peut déjà prévoir qu'à Paris la discussion sera chaude. M. Varenne compte des amis, il a un parti... Le plus sage est d'attendre sans trop épiloguer. »

Notre confrère parle en sage, mais le fait même qu'il se pose une telle question, confirme notre conviction personnelle. M. Varenne restera en France, et nous serons sans doute bientôt fixés à ce sujet. Son autoritarisme, son orgueil lui firent commettre des impairs qui ne lui seront point pardonnés. Les indications ne lui ont cependant pas fait défaut, et il nous semble opportun de reproduire aujourd'hui celles que lui donnait J. B. S. dans l'Indochine-Républicaine hebdomadaire du 11 octobre 1925, sous le titre :

Gouverneur ou haut commissaire

Les première déclarations de M. Varenne, au lendemain même de sa nomination, laissaient nettement entendre qu'il ne serait pas un *fonctionnaire* chargé de l'administration de l'Indochine, mais un parlementaire *en mission* délégué par le Gouvernement pour venir voir ce qui se passe en Extrême-Orient et y donner à notre politique les directives et l'impulsion voulues.

Peu de temps après, une communication télégraphique de notre confrère Devilar au ***Courrier Saigonnais***, précisait, en quelque sorte, les modalités de mise en œuvre d'un tel programme : nous devions avoir ,en M. Varenne un Gouverneur *politicien*, œil du Parlement spécialement ouvert sur l'Indochine et le Pacifique, mais l'administration proprement dite de notre grande colonie incomberait à un vice-Gouverneur d'autant plus indispensable que le titulaire comptait, suivant sa conception de son rôle venir à Paris chaque année et y rester assez longtemps pour reprendre contact avec les Ministères et les Chambres. y donner ses avis, y défendre ses vues.

J'ai déjà eu l'occasion de dire, ici même, ce qu'une telle combinaison offre de séduisant. Et pourtant, il n'en est plus question, dans la Métropole; les nombreuses interviews de M. Varenne se rapportent à tous les lieux communs, à tous les problèmes d'ordre général que nous sommes habitués à voir remettre sur le tapis, chaqus fois que l'Indochine change de chef; mais de l'heureuse innovation qu'on nous avait fait espérer, il n'est plus bruit. L'a-t-on remisée aux accessoires? Ou la tient-on, au contraire, pour définitivement décidée, et est-ce pour cela qu'on n'en parle plus?

Dans l'intérêt du pays, qui vit actuellement une de ses heures les plus graves, j'aimerais, je l'avoue, pouvoir m'arrêter à la seconde hypothèse.

En effet, M. Varenne Gouverneur fonctionnaire. dans des conditions identiques à celles faites à ses prédécesseurs, c'est d'abord une période forcée d'apprentissage, d'observations, de voyages à travers l'Union: d'où stagnation des affaires; après quoi, même en comptant sur la plus belle intelligence, sur la plus merveilleuse force de travail, il faudra bien consacrer quelques mois à mettre sur pied un programme personnel : programme de réformes politiques et sociales, de grands travaux, d'emprunts, de remaniements fiscaux; puis départ en France pour le faire approuver, si, entre temps, un changemeent de Ministère n'a pas eu pour résultat d'annihiler tous ces efforts; nous l'avons vu pour le regretté Maurice Long !

Tandis que les circonstances exceptionnelles que nous traversons, l'agitation qui sévit sur la République chinoise, les orages amoncelés dans cet Extrême-Orient où les grandes puissances anxieuses lisent des menaces de nouvelles conflagrations, tout aujourd'hui justifierait l'envoi sur place d'un Commissaire de la République, avec mission de voir, d'informer, de résoudre. Certes, le Bolchévisme n'est pas aux portes de Saigon, comme tendrait à le faire croire le député de la Cochinchine, uniquement soucieux de discréditer ses adversaires politiques: les Annamites naturalisés, mais il n'en est pas moins vrai que la Russie soviétique, poursuivant sous d'autres formes la politique envahissante des tzars, a pris la Chine sous sa tutelle, y cultive intensément la xénophobie, et aura sous peu la direction de forces effrayantes dressées contre les Européens.

Aujourd'hui, c'est l'Angleterre qui est touchée dans ses œuvres vives : demain peut marquer notre tour, sans compter que, voisins du gigantesque foyer, nous risquons à chaque instant la flammèche incendiaire.

En dehors même de la Chine, les Philippines s'agitent pour leur indépendance, le Siam a conquis la sienne, sous les yeux des Annamites dépités, les Indes grondent, le Japon et les Etats-Unis s'observent.

Or la France est loin, bien trop loin de ce théâtre du Pacifique, où elle a des intérêts majeurs. Quoi de plus naturel que d'y envoyer un Délégué spécial, Haut Commissaire ou Gouverneur peu importe le nom ?

Oui, mais à une condition essentielle : c'est qu'on ne lui impose pas un cumul impossible, que la grandeur de sa tâche politique et diplomatique l'accaparant à juste titre, ne lui fasse pas reléguer au second plan les affaires propres de l'Indochine ; car plus que jamais ces affaires ont besoin d'être tenues d'une main ferme.

En d'autres termes et pour conclure, que Varenne nous arrive dans les conditions primitivement énoncées, qu'on lui donne un second plus spécialement chargé d'administrer l'Indochine et il pourra sans peine attacher son nom à une œuvre de réelle importance, mais s'il devait simplement être un chainon normal de la longue chaine de gouverneurs que nous avons vu défiler depuis plus d'un quart de siècle, dans les deux ans qui nous séparent des prochaines élections législatives il aurait juste le temps de se porter à pied d'œuvre, d'examiner le chantier, de concevoir, je n'en doute pas, des plans mirifiques : puis, . . de partir sans avoir rien réalisé.

N'est-ce pas exactement ce qui est arrivé ?

Pour n'avoir tenu aucun compte de ces sages conseils et s'être cru capable de tenir le rôle de dictateur de l'Indochine, M. Varenne a gâché notre avenir et sa situation.

Opinion libre du 22 Novembre 1926

Sur le vif

Les grandes agglomérations urbaines présentent quelque chose de factice, d'artificiel au point du vue social ; ici plus qu'ailleurs encore ; car, au lieu de s'être formées lentement, au fur et à mesure du développement de la vie économique, ces villes ont été presque improvisées, en tout cas ***forcées*** comme disent les jardiniers, par notre installation, à nous Français, en des centres autour desquels les populations se se sont pressées aussitôt, en quête d'un bien-être relatif.

Autre remarque : à notre contact, les vieilles coutumes s'y sont plus rapidement modifiées ; et comme, en général, on a tendance à imiter les travers ou les vices plus que les qualités (c'est plus facile), il nous faut bien convenir que les masses citadines ont moins de tenue que les campagnardes, elles s'émancipent davantage, au sens péjoratif du mot.

Pour ces raisons, l'orsqu'on veut étudier l'évolution des Annamites et noter exactement l'orientation d'une mentalité nouvelle parfois difficile à déterminer on aurait tort de limiter ses observations à des capitales, comme Hanoi ou Saigon, ou même à des centres industriels et commerciaux, tels qu'Haiphong, Nam-Dinh, Vinh etc... Il faut pousser jusque dans les campagnes, les vraies, celles ou le cultivateur ne saurait être soupçonné de subir des influences superficielles, sitôt effacées que reçues : en province, les idées, les choses nouvelles (pour employer une expression courante) pénètrent lentement, difficilement ; le paysan est réfractaire et méfiant Par contre, quand elles ont affronté la discussion du peuple flâneur et loquace, disert même à sa façon, ces choses nouvelles prennent place dans la tradition ; elles font partie de ce qui est convenable,

J'en parlais, hier, avec un de nos plus anciens colons, de ceux qui ont réussi par leur propre labeur, et qui, fils de la terre, la connaissent comme ils connaissent leurs plus humbles auxiliaires, appelés à la cultiver avec eux : je voulais savoir si la vague d'indépendance frondeuse, qui déferle depuis un an sur l'Indochine, s'était fait sentir jusque dans l'Intérieur :

— « Je reviens de Cochinchine, me dit-il aussitôt ; j'ai vu, j'ai interrogé. Eh bien ! contrairement à ce que je voulais espérer, c'est bien un mot d'ordre unique, du Sud au Nord ;

ou ; - expliquez-le comme vous voudrez-une poussée uniforme qui lance les travailleurs comme les intellectuels à l'assaut du Français et de la cause française ; l'Européen , voilà l'ennemi , et l'indépendance , l'enjeu de la lutte.

— Qui donc a parlé d'amusements de gosses , à propos des récentes révoltes scolaires ? Au contraire j'en ai eu l'aveu un peu partout , c'est parce qu'en Chine (exactement à Canton , dans la Chine bolchévisée) les étudiants sont à la tête du mouvement xénophobe , qu'ici aussi les meneurs ont tenu à mobiliser les écoles , et à marquer ainsi qu'ils poursuivaient un but identique.

Les familles étaient d'accord, parfaitement d'accord avec ces meneurs ! Réfléchissez un peu s'il en était différemment, si les enfants de tous âges avait impunément levé l'étendard de la révolte coutre leurs parents. mais alors le mal, la gangrène seraient bien pires encore : la forte cellule initiale, base d'une Société hostile à l'individualisme, serait entièrement démolie ! Et tout croûlerait. en même temps que la discipline familiale.

— En vérité depuis que des propagandistes encouragés par Paris et par M. Varenne; ont prêché librement l'Evangile de l'émancipation et. par corollaire, de l'éviction des Français, nous ne reconnaissons plus l'Annamite : au foyer, à l'école, aux champs, à l'usine et, je pense bien jusque dans l'Administration le bon vouloir d'antan , l'application docile, la collaboration confiante ont fait trop souvent place à une hostilité à peine déguisée

Ainsi parla longtemps mon vieux colon , et il n'est pas, certes de ceux qui colonisèrent à la trique : sur le point de se retirer prendre, en France, un repos bien gagné, il regrette vivement ce Pays qu'il aime ; il plaint surtout ses successeurs d'y connaître désormais des difficultés sociales créées, comme à loisir, par un homme qui ne sut ou ne voulut pas dépouiller le partisan. Et comme nous il émet ce vœu : plus de politiciens! un Gouverneur !

A. R.

Editorial du 13 Novembre 1926.

Où allons-nous, Est-ce la mise à l'encan des colonies ?

Tout ceux qui se sont occupés, comme nous, de la réglementation, imaginée par M. Varenne *in extremis*, de la Colonisation agricole, plus exactement de l'aliénation des terrains domaniaux, ont flairé sans peine, derrière ces dispositions prises en hâte, l'action des brasseurs d'affaires, toujours avides de spéculations plus hardies qu'honnêtes.

On sentait leur présence, on respirait, à chaque ligne du texte, l'odeur de bouc (comme dit l'Ecriture) de leurs forts appétits ; mais on ne savait pas encore, de façon précise, quel objectif immédiat s'étaient assigné Varenne et ses associés...., ses maîtres, prétendent d'aucuns.

Aujourd'hui se lève un coin du voile ; plus exactement, quelques gestes nécessaires, — car toutes les tractations ne peuvent se tramer dans l'ombre, — nous laissent entrevoir le formidable complot ourdi contre les Colonies et leurs richesses, par la gent financière, flanquée de parlementaires et de gouverneurs généraux, en activité ou en retraite. L'Affaire est de taille, et mérite sa majuscule : la mise à l'encan, pour acheteurs privilégiés et triés sur le volet, non plus des plaines algériennes ou des oliveraies de Tunisie, des forêts de la Ngoko-Sangha ou des terres rouges d'Annam, mais de tout notre Empire d'Outre-Mer.

Le lancement de la colossale entreprise s'est fait en trois temps :

1er temps — un député bien stylé, choisi parmi les ternes, les blafards, pour n'effaroucher aucun parti a fait sien et soumis à l'opinion (lisez à la Presse esclave des Banques) un projet, mis sur pied par les Banquiers, eux-mêmes, de monopole des concessions coloniales : toutes les terres disponibles de toutes nos possessions, soustraites aux Indigènes, soustraites aux colons, soustraites aux administrations coloniales, soustraites à l'Etat français, et livrées au groupe de requins qui en assurera l'exploitation. par la spéculation.

En attendant, ce groupe fait miroiter aux yeux ébahis du public et des compères du Parlement les milliards que l'opération doit rapporter au Budget. Mais qui donc, en dehors de la Haute Finance, a suffisamment de compétence pour discuter ces chiffres astronomiques ? On doit les accepter, de confiance.

2ème temps — D'ailleurs, la *combine* est riche et ne liarde pas sur les frais de réclame : elle tient en réserve des autorités, des Gouverneurs genre Garbit, pour expliquer comment les Colonies auront à faire les frais du cadastrage et des voies d'accès, mais peuvent bien supporter ces dépenses ! Et les articles de journaux, et les articles de revues commencent à prôner l'idée mirifique.

3ème temps. — M. Varenne, l'homme des réalisations, prend le bâton de chef d'orchestre et bat la première mesure. Oh ! ce n'est qu'une ouverture, qu'un prélude : la théorie de la Grande Colonisation ; concessions de trente, de cinquante mille hectares, bien entendu à de solides groupements, offrant de sérieuses garanties. La suite viendra, tout naturellement : monopole de droit, après le monopole de fait.

Tel est le sens de la récente réforme : et telle, surtout, sa portée, pour l'avenir ; qu'on ne s'y trompe pas.

Nous reparlerons de cette audacieuse tentative : pour aujourd'hui, nous n'avons voulu que la dénoncer.

Mais, entre nous, que vont penser de leur grand ami les malheureux Annamites, quand ils verront leurs terres prétendues libres concédées en bloc à des affairistes lointains, blottis derrière leurs coffres-forts, à l'affût de toutes les occasions, de tous les prétextes, pour exploiter sans vergogne l'Indochine et ses habitants ? Le jour n'est pas loin, je le crains fort, où les apôtres de ce genre (Varenne, Garbit, parlementaires et banquiers) leur feront regretter les pauvres vieux *Coloniaux à la trique*, devenus d'ailleurs leurs compagnons de misère sous le nouveau régime, contre lesquels ils s'élèvent si naivement aujourd'hui !

A R.

Editorial du 17 novembre 1926

Table des matières

www.ingramcontent.com/pod-product-compliance
Ingram Content Group UK Ltd.
Pitfield, Milton Keynes, MK11 3LW, UK
UKHW021543260726
13993UKWH00002B/611

9 782329 080611